Barry Baddock
Susie Vrobel
Karen Richardson

# Business Talk Hörkurs

## Englisch ganz leicht

Begleitbuch



Hueber Verlag

5. 4. 3. | Die letzten Ziffern
2017 16 15 14 13 | bezeichnen Zahl und Jahr des Druckes.
Alle Drucke dieser Auflage können, da unverändert, nebeneinander benutzt werden.
1. Auflage

Umschlaggestaltung: creative partners gmbh, München
Umschlagfoto: © Image Shop/Corbis
Fotos im Innenteil: Seite 7: © Image Shop/Corbis; Seite 43: © fotolia; Seite 75: © fotolia; Seite 117: © irisblende.de
Druck und Bindung: Auer Buch + Medien GmbH, Donauwörth
Printed in Germany
ISBN 978-3-19-209507-8
22.9507 (Begleitbuch)

# Inhalt

# Vorwort

Willkommen beim **Business Talk Hörkurs**, dem Business-Englischkurs für Anfänger mit Grundkenntnissen und Fortgeschrittene. Dieser Hörkurs deckt alle wichtigen Bereiche der Geschäftskommunikation ab:

**CD 1: Small Talk**
Bei geschäftlichen Gesprächsterminen fällt man ungern mit der Tür ins Haus – zunächst ist immer ein bisschen Small Talk angebracht, um miteinander warm zu werden und gemeinsam mit dem Gesprächspartner eine angenehme Atmosphäre zu schaffen. So lässt es sich viel leichter über Geschäftliches reden. Small Talk gehört zum guten Ton und hilft Ihnen, Gespräche höflich und angemessen zu beginnen. Werden Sie fit für ungezwungene Gespräche mit Ihren Geschäftspartnern!

**CD 2: Telefonieren**
Wie begrüßt man einen englischen Ansprechpartner am Telefon? Wie hinterlässt man eine Nachricht oder bittet um Rückruf? Wie klärt man Verständigungsschwierigkeiten? Hier lernen Sie alle wichtigen Redemittel, um mit internationalen Geschäftspartnern sicher und kompetent zu telefonieren.

**CD 3: Verhandeln**
Erfolg und Misserfolg eines Geschäfts hängen stark von der Fähigkeit ab, Verhandlungen zu führen. Dieser Teil vermittelt alle wichtigen Redemittel, um mit internationalen Geschäftspartnern sicher und kompetent zu verhandeln.

**CD 4: Messegespräche**
Der Erfolg eines Messebesuchs hängt entscheidend von der Fähigkeit ab, eine angenehme Gesprächsatmosphäre zu schaffen, Ihr Unternehmen und Ihre Produkte im richtigen Licht zu präsentieren und höflich, aber bestimmt Verhandlungen zu führen. Hier werden Sie fit für solche Gespräche mit Ihren Geschäftspartnern.

Wie lernt man mit dem **Business Talk Hörkurs**?

- In mehr als 20 authentischen Dialogen und Sprechübungen pro CD trainieren Sie gezielt Ihr Hörverständnis und Ihre Ausdrucksfähigkeit.
- Sie üben die englische Aussprache und Intonation, beantworten Fragen zu kurzen Gesprächen und lernen wichtige Wörter und Ausdrücke.
- Sie nehmen mit Hilfe englischer Anweisungen an Gesprächen zu verschiedenen Themen aus dem Geschäftsleben teil. In diesen Rollenspielen wiederholen und perfektionieren Sie die gelernten Ausdrücke und Redewendungen.

So benutzen Sie die **CDs** zum **Business Talk Hörkurs**:

- Hören Sie die Anweisungen und Informationen und sprechen Sie nach dem Signalton. Wenden Sie konsequent diese Hör- und Sprechmethode an; Sie werden merken, wie schnell Sie Fortschritte beim Sprechen machen.

- Hören Sie die Dialoge möglichst oft an. Wiederholen Sie einzelne Dialoge oder Sprechübungen, die Sie besonders schwer fanden. Über die Track-Nummern im Inhaltsverzeichnis zu jedem Abschnitt können Sie alle Dialoge und Übungen schnell und genau ansteuern.

- Testen Sie in einem kurzen mündlichen Abschlusstest Ihre neu erworbenen Fähigkeiten.

- In der *Listening Review* auf CD 3 haben Sie die Möglichkeit, nach erfolgreich abgeschlossenem Test Ihr Hörverständnis mit zusätzlichen Dialogen zu trainieren.

- Lernen Sie auch unterwegs, zum Beispiel auf dem Weg zur Arbeit, oder zu Hause beim Kochen, Bügeln, usw.

So benutzen Sie das **Begleitbuch** zum **Business Talk Hörkurs**:

- Zu jeder CD gibt es im Begleitbuch einen eigenen Abschnitt. Sehen Sie sich die Abschrift im entsprechenden Abschnitt an, falls Sie einen Dialog oder eine Übung auf der CD nicht ganz verstanden haben. Vergleichen Sie gegebenenfalls auch die deutsche Übersetzung.

- Gehen Sie die Rubrik „Tipps" am Ende jedes Abschnitts durch. Sie enhält interessante Hinweise und Fakten über die englischsprachige Kultur und Geschäftswelt.

- Schlagen Sie unbekannte Wörter in der umfangreichen alphabetischen Wortschatzliste am Ende jedes Abschnitts nach, die alle wichtigen Ausdrücke aus Ihrer **Business Talk Hörkurs CD** enthält.

Wir wünschen Ihnen viel Spaß und viel Erfolg mit dem **Business Talk Hörkurs**.

Die Autoren

# Small Talk

# Inhalt

# Dialoge und Phrase Banks

## 1 Meeting each other

Christina Meier arbeitet für eine Frankfurter Firma. Während einer Konferenz trifft sie dort Alan Edwards, einen englischen Geschäftsmann. Christina stellt sich vor.
Finden Sie heraus, wer Jane Gordon kennt – Christina, Alan oder beide?

CM Hello, I don't think we've been introduced. My name's Christina Meier. I'm with Georg & Co.
AE Hello, nice to meet you. I'm Alan Edwards. I'm with the Leesdale party.
CM Ah, yes, you work with Ms Gordon, don't you?
AE Oh, do you know Jane Gordon?
CM Yes, we met at last year's conference.

*CM Hallo, ich glaube, wir haben uns noch nicht vorgestellt. Mein Name ist Christina Meier. Ich arbeite bei Georg & Co.*
*AE Hallo. Es freut mich, Sie kennen zu lernen. Ich bin Alan Edwards. Ich gehöre zur Leesdale-Delegation.*
*CM Ah, ja. Sie arbeiten mit Ms Gordon, nicht wahr?*
*AE Oh, Sie kennen Jane Gordon?*
*CM Ja, wir haben uns auf der Tagung im letzten Jahr kennen gelernt.*

Wer kennt Jane Gordon – Christina, Alan oder beide?
Beide.

Nun zu Ihrer ersten Nachsprechübung.

## 2 Phrase Bank

Hören Sie die folgenden Gesprächsbeiträge und wiederholen Sie sie. Achten Sie auf Betonung und Satzmelodie.

I don't think we've been introduced.
May I introduce myself?
We haven't met, have we?
My name's Christina Meier.
I'm with Georg & Co.
Hello, nice to meet you.
I'm Alan Edwards.

*Ich glaube, wir haben uns noch nicht vorgestellt.*
*Darf ich mich vorstellen?*
*Wir kennen uns (noch) nicht, oder?*
*Mein Name ist Christina Meier.*
*Ich arbeite bei Georg & Co.*
*Hallo, freut mich, Sie kennen zu lernen.*
*Ich bin Alan Edwards.*

## 3 Putting someone at ease

Jetzt trifft Christina Meier einen irischen Kunden, Ray Parfitt.
Finden Sie heraus, ob sie sich in Christinas Büro, in Mr Parfitts Büro oder bei Mr Parfitt zu Hause befinden.

CM I'm so glad you could come, Mr Parfitt.
RP It's nice to be here again, Frau Meier.
CM Do sit down. Would you like a cup of coffee?
RP Erm, not right now, thank you. Maybe a bit later.
CM Look, make yourself at home ...
RP Thank you.
CM ... and I'll get hold of Herr Strauss and tell him you're here.

*CM Ich freue mich sehr, dass Sie kommen konnten, Mr Parfitt.*
*RP Es ist schön, wieder hier zu sein, Frau Meier.*
*CM Hier, nehmen Sie doch Platz. Möchten Sie eine Tasse Kaffee?*
*RP Ähm, jetzt nicht, vielen Dank. Vielleicht etwas später.*
*CM Schauen Sie, fühlen Sie sich wie zu Hause ...*
*RP Danke.*
*CM ... und ich sehe nach Herrn Strauss und sage ihm, dass Sie hier sind.*

Befinden sie sich in Christinas Büro, in Mr Parfitts Büro oder bei Mr Parfitt zu Hause?
In Christinas Büro.

## 4 Phrase Bank

Hören Sie die folgenden Gesprächsbeiträge und wiederholen Sie sie. Achten Sie auf Betonung und Satzmelodie.

I'm so glad you could come.
It's a pleasure to have you here.

*Ich freue mich sehr, dass Sie kommen konnten.*
*Ich freue mich/Wir freuen uns sehr über Ihren Besuch.*

Do sit down.
Would you like a cup of coffee?
Make yourself at home.
Feel free to look around.
I'll tell Herr Stenzel you're here.

*Nehmen Sie doch Platz.*
*Möchten Sie eine Tasse Kaffee?*
*Fühlen Sie sich wie zu Hause.*
*Sehen Sie sich ruhig um.*
*Ich werde Herrn Stenzel sagen, dass Sie hier sind.*

## 5 Talking about the journey

Christina Meier und Ray Parfitt setzen ihr Gespräch fort.
Finden Sie heraus, wie viele Nächte Ray Parfitt in Deutschland verbringen wird.

| | | | |
|---|---|---|---|
| CM | So, when did you arrive at Frankfurt Airport? | *CM* | *Wann sind Sie denn am Frankfurter Flughafen angekommen?* |
| RP | Not till half past three, actually. My flight was over an hour late. | *RP* | *Erst um halb vier. Mein Flug war über eine Stunde verspätet.* |
| CM | Did you fly direct from Dublin? | *CM* | *Sind Sie direkt von Dublin geflogen?* |
| RP | No, I changed planes at Heathrow. I couldn't get a direct flight, unfortunately | *RP* | *Nein, ich bin in Heathrow umgestiegen. Ich konnte leider keinen direkten Flug bekommen.* |
| CM | And when will you be travelling back? | *CM* | *Und wann werden Sie zurückreisen?* |
| RP | I've got to be on the 9 a.m. flight tomorrow, I'm afraid. | *RP* | *Ich muss morgen leider mit der 9-Uhr-Maschine fliegen.* |
| CM | Oh, maybe next time you'll be able to stay a bit longer. | *CM* | *Oh, vielleicht können Sie beim nächsten Mal etwas länger bleiben.* |

Wie viele Nächte wird Ray Parfitt in Deutschland verbringen?
Eine Nacht.

## 6 Phrase Bank

Hören Sie die folgenden Gesprächsbeiträge und wiederholen Sie sie. Achten Sie auf Betonung und Satzmelodie.

| | |
|---|---|
| When did you arrive at Frankfurt Airport? | *Wann sind Sie am Frankfurter Flughafen angekommen?* |
| Did you have a good trip? | *Hatten Sie eine gute Reise?* |
| My flight was over an hour late. | *Mein Flug war über eine Stunde verspätet.* |
| The flight was right on time. | *Der Flug war ganz pünktlich.* |
| Did you fly direct from Dublin? | *Sind Sie direkt von Dublin geflogen?* |
| I changed planes at Heathrow. | *Ich bin in Heathrow umgestiegen.* |
| I couldn't get a direct flight. | *Ich konnte keinen direkten Flug bekommen.* |
| When will you be travelling back? | *Wann werden Sie zurückreisen?* |
| I've got to be on the 9 a.m. flight tomorrow. | *Ich muss morgen mit der 9-Uhr-Maschine fliegen.* |

## 7 Discussing one's home

Franco Comini, ein Möbelhersteller aus Perugia, besucht Möbel Roth in Hamburg. Er spricht dort mit Birgit Kraft, bevor die Verkaufsgespräche beginnen.
Finden Sie heraus, ob Signor Comini in Mailand, in Perugia oder an einem anderen Ort aufgewachsen ist.

| | | | |
|---|---|---|---|
| BK | So, where are you from exactly, Signor Comini? Is Perugia your home town? | *BK* | *Also, wo kommen Sie denn genau her, Signor Comini? Ist Perugia Ihre Heimatstadt?* |
| FC | Well, I was born in Milan, actually. I grew up there too. | *FC* | *Nun, ich bin eigentlich in Mailand geboren und auch dort aufgewachsen.* |
| BK | In Milan! | *BK* | *In Mailand!* |

FC Yes, do you know Milan?
BK Well, a little. I was at the International Furniture Exhibition there last year. I expect Perugia is a lot smaller, isn't it?
FC Oh, it is. But, actually, my family and I live outside Perugia. In one of the neighbouring villages.
BK That sounds lovely.
FC It is. We have the best of both worlds; the town and the countryside.

*FC Ja, kennen Sie Mailand?*
*BK Nun, ein bisschen. Ich war dort letztes Jahr auf der Internationalen Möbelausstellung. Aber ich nehme an, Perugia ist sehr viel kleiner, nicht wahr?*
*FC Oh, ja. Aber meine Familie und ich leben eigentlich außerhalb von Perugia. In einem der Nachbarorte.*
*BK Das hört sich wunderbar an.*
*FC Das ist es auch. Wir haben das Beste von beidem: Stadt- und Landleben.*

Ist Signor Comini in Mailand, in Perugia oder an einem anderen Ort aufgewachsen?
In Mailand.

## 8 Phrase Bank

Hören Sie die folgenden Gesprächsbeiträge und wiederholen Sie sie. Achten Sie auf Betonung und Satzmelodie.

| | |
|---|---|
| Where are you from exactly? | *Wo kommen Sie denn genau her?* |
| Is Perugia your home town? | *Ist Perugia Ihre Heimatstadt?* |
| I was born in Bremen. | *Ich bin in Bremen geboren.* |
| I grew up there too. | *Da bin ich auch aufgewachsen.* |
| Do you know Bremen? | *Kennen Sie Bremen?* |
| My family and I live outside Bremen. | *Meine Familie und ich leben außerhalb von Bremen.* |
| There's a good train connection to Frankfurt. | *Es gibt eine gute Zugverbindung nach Frankfurt.* |
| I commute to Hamburg. | *Ich pendele nach Hamburg.* |
| It's about an hour by car. | *Es ist etwa eine Stunde mit dem Auto.* |

## 9 Talking about the locality

Lynn Jones arbeitet für einen Farbfabrikanten in Wales. Sie besucht eine Firma in München und spricht dort mit Peter Brede, dem Geschäftsführer.
Finden Sie heraus, wie gut Ms Jones München kennt – gut, ein bisschen oder gar nicht.

PB Is this your first time in Munich, Ms Jones?
LJ Oh, no. I've been here several times before. But always on short visits!
PB So you've never had a chance to really see the city?
LJ Unfortunately not.
PB Oh, it's a fascinating place. How long will you be staying this time?

*PB Sind Sie zum ersten Mal in München, Ms Jones?*
*LJ Oh, nein, ich war schon mehrere Male hier. Aber immer nur auf Kurzbesuchen!*
*PB Dann hatten Sie also nie richtig Gelegenheit, die Stadt zu besichtigen?*
*LJ Leider nicht.*
*PB Oh, es ist eine faszinierende Stadt. Wie lange werden Sie dieses Mal bleiben?*

| | | | |
|---|---|---|---|
| LJ | Oh, just two nights. But I'll have tomorrow afternoon free. What would you recommend? | *LJ* | *Oh, nur zwei Nächte. Aber morgen Nachmittag habe ich frei. Was würden Sie mir empfehlen?* |

Wie gut kennt Ms Jones München – gut, ein bisschen oder gar nicht?
Nur ein bisschen.

## 10 Phrase Bank

Hören Sie die folgenden Gesprächsbeiträge und wiederholen Sie sie. Achten Sie auf Betonung und Satzmelodie.

| | |
|---|---|
| Is this your first time in Munich? | *Sind Sie zum ersten Mal in München?* |
| I've been here several times before. | *Nein, ich war schon mehrere Male hier.* |
| So you've never had a chance to really see the city? | *Sie hatten also nie richtig Gelegenheit, die Stadt zu besichtigen?* |
| It's a fascinating city. | *Es ist eine faszinierende Stadt.* |
| How long will you be staying? | *Wie lange werden Sie bleiben?* |
| What would you recommend? | *Was würden Sie mir empfehlen?* |
| What's your impression of the place? | *Wie ist Ihr Eindruck von der Stadt / dem Ort?* |
| Can you stay a little longer? | *Können Sie nicht noch etwas länger (hier) bleiben?* |

## 11 Discussing the company and one's work

Lynn Jones spricht jetzt mit Jürgen Graf, dem Einkäufer der Münchner Firma.
Finden Sie heraus, ob Lynns Firma, Jürgens Firma oder beide nach China exportieren.

| | | | |
|---|---|---|---|
| JG | You're based in Cardiff, aren't you? | *JG* | *Ihre Niederlassung ist in Cardiff, nicht wahr?* |
| LJ | Yes. I work at our Head Office there. | *LJ* | *Ja. Ich arbeite dort in unserer Hauptniederlassung.* |
| JG | And I hear you're exporting to China now. | *JG* | *Ich habe gehört, Sie exportieren jetzt nach China.* |
| LJ | Yes, it's a new market for us. But you've been in the Chinese market for some years now, haven't you? | *LJ* | *Ja, es ist ein neuer Markt für uns. Aber Sie sind jetzt selbst schon seit einigen Jahren auf dem chinesischen Markt, nicht wahr?* |
| JG | About two years, yes. As a matter of fact, I'll be in Beijing next month. For sales talks. | *JG* | *Ungefähr zwei Jahre, ja. Ich bin nächsten Monat sogar in Peking. Zu Verkaufsgesprächen.* |
| LJ | Really? Do you get to travel a lot? | *LJ* | *Wirklich? Sie reisen also viel?* |
| JG | Yes, these days I do. It can be pretty exhausting at times. | *JG* | *Zur Zeit, ja. Es kann manchmal ziemlich ermüdend sein.* |

Wer exportiert nach China: Lynns Firma, Jürgens Firma oder beide?
Beide Firmen.

## 12 Phrase Bank

Hören Sie die folgenden Gesprächsbeiträge und wiederholen Sie sie. Achten Sie auf Betonung und Satzmelodie.

| | |
|---|---|
| You're based in Cardiff, aren't you? | *Ihre Niederlassung ist in Cardiff, nicht wahr?* |
| I work at our Head Office. | *Ich arbeite in unserer Hauptniederlassung.* |
| I hear you're exporting to China. | *Ich habe gehört, Sie exportieren jetzt nach China.* |
| We do a lot of our trading in the Far East. | *Wir machen einen großen Teil unserer Geschäfte im Fernen Osten.* |
| I've been with the company for three years now. | *Ich bin jetzt seit drei Jahren bei der Firma.* |
| Do you get to travel a lot? | *Sie reisen also viel?* |
| I enjoy the travel side of the job. | *Was mir an dem Job gefällt, ist, dass ich oft auf Reisen bin.* |

## 13 Talking about family matters

Jürgen Graf aus München bekommt Besuch von einem anderen Zulieferer, Manuel Andrade aus Portugal. Senhor Andrade hat gerade zu Hause angerufen.
Finden Sie heraus, wie viele Kinder Senhor Andrade hat.

| | |
|---|---|
| MA Excuse me – I had to call my daughter. It's her birthday today. | *MA Entschuldigen Sie – ich musste meine Tochter anrufen. Sie hat heute Geburtstag.* |
| JG Today! How old is she? | *JG Heute! Wie alt ist sie?* |
| MA Lucinda? She's eight years old now. Which means my wife has really got her hands full. | *MA Lucinda? Sie ist jetzt acht Jahre alt. Das bedeutet, meine Frau hat alle Hände voll zu tun.* |
| JG With the birthday party, you mean. What a pity you can't be there. | *JG Mit der Geburtstagsfeier, meinen Sie. Schade, dass Sie nicht da sein können.* |
| MA Oh, I don't know. There seem to be enough kids in the house without me getting in the way! | *MA Oh, ich weiß nicht. Es sind schon genug Kinder im Haus, da muss ich nicht auch noch im Weg herumstehen.* |
| JG Do you have any other children? | *JG Haben Sie noch weitere Kinder?* |
| MA One boy. Antonio. He's just turned nine. | *MA Einen Jungen. Antonio. Er ist gerade neun geworden.* |
| JG Oh, really? I have a nine-year-old too. | *JG Ach, ja? Ich habe auch einen Neunjährigen.* |

Wie viele Kinder hat Senhor Andrade?
Zwei - ein Mädchen und einen Jungen.

## 14 Phrase Bank

Hören Sie die folgenden Gesprächsbeiträge und wiederholen Sie sie. Achten Sie auf Betonung und Satzmelodie.

| | |
|---|---|
| Do you have any children? | *Haben Sie Kinder?* |
| I've got one boy. | *Ich habe einen Jungen.* |
| He's just turned nine. | *Er ist gerade neun geworden.* |

I have a nine-year-old too. — *Ich habe auch einen Neunjährigen.*
We have two daughters. — *Wir haben zwei Töchter.*
My parents are from the north of Germany. — *Meine Eltern kommen aus dem Norden Deutschlands.*
Most of my relatives live in Bavaria. — *Die meisten meiner Verwandten leben in Bayern.*
We take care of my mother-in-law. — *Wir kümmern uns um meine Schwiegermutter.*

## 15 Discussing news and recent events

Jürgen Graf und Manuel Andrade setzen ihr Gespräch fort.
Finden Sie heraus, wer etwas Neues über den Eisenbahnerstreik weiß – Herr Graf, Senhor Andrade oder keiner von beiden.

MA So, what about this rail strike, Herr Graf – has it affected you at all?
*MA Wie ist das mit diesem Eisenbahnerstreik, Herr Graf – sind Sie davon in irgendeiner Weise betroffen?*

JG Oh, no, I do all my travelling by car. What about you, Senhor Andrade?
*JG Oh, nein, ich fahre immer mit dem Auto. Und Sie, Senhor Andrade?*

MA Well, I mostly travel by car too. But what's your opinion about this? Will it last long, do you think?
*MA Nun, ich fahre auch meistens mit dem Auto. Aber was halten Sie davon? Meinen Sie, er wird lange dauern?*

JG The strike? Actually, I've just seen the latest news. The union is about to accept the pay offer.
*JG Der Streik? Ich habe gerade die letzten Nachrichten gesehen. Die Gewerkschaft ist dabei, das Lohnangebot zu akzeptieren.*

MA Well, I hope so. You know, we had a similar problem at home last year.
*MA Nun, das hoffe ich. Wissen Sie, wir hatten letztes Jahr ein ähnliches Problem bei uns.*

JG The rail strike in Portugal? Yes, I remember that.
*JG Der Eisenbahnerstreik in Portugal? Ja, ich erinnere mich daran.*

Wer weiß etwas Neues über den Eisenbahnerstreik – Herr Graf, Senhor Andrade oder keiner von beiden?
Jürgen Graf.

## 16 Phrase Bank

Hören Sie die folgenden Gesprächsbeiträge und wiederholen Sie sie. Achten Sie auf Betonung und Satzmelodie.

Has it affected you at all? — *Sind Sie in irgendeiner Weise davon betroffen?*
What about you? — *Und Sie? (Und was ist mit Ihnen?)*
What's your opinion? — *Was halten Sie davon?*
What do you think about that? — *Wie denken Sie darüber?*
Will it last long, do you think? — *Meinen Sie, er wird lange dauern?*
I've just seen the latest news. — *Ich habe gerade die letzten Nachrichten gesehen.*
We had a similar problem. — *Wir hatten ein ähnliches Problem.*
What would you like to see happen? — *Welche Entwicklung wäre Ihnen am liebsten?*

## 17 Talking about food

Bevor der geschäftliche Teil beginnt, stehen Birgit Kraft und Jan Larsson, ein dänischer Kunde, gemeinsam am Buffet.
Finden Sie heraus, ob Mr Larsson thailändisches oder chinesisches Essen probiert, oder keines von beiden.

JL I must say, I do like this.
BK Yes, it's one of the specialities of the region. Look, I suggest you try this too.
JL Ah, is it Chinese?
BK It's Thai actually.
JL Right. Well, I'd certainly like to try it. You know, I don't believe I've ever had Thai cuisine before.
BK No? Well, go ahead. I think you'll love it!

*JL Ich muss sagen, das schmeckt mir wirklich.*
*BK Ja, es ist eine Spezialität aus der Region. Probieren Sie doch auch einmal das da.*
*JL Ah, ist das chinesisch?*
*BK Eigentlich ist es thailändisch.*
*JL Aha. Nun, ich würde es gern probieren. Wissen Sie, ich glaube, ich habe noch nie thailändisch gegessen.*
*BK Nein? Dann legen Sie los. Ich glaube, es wird Ihnen schmecken!*

Probiert Mr Larsson thailändisches oder chinesisches Essen, oder keines von beiden?
Er probiert thailändisches Essen.

## 18 Phrase Bank

Hören Sie die folgenden Gesprächsbeiträge und wiederholen Sie sie. Achten Sie auf Betonung und Satzmelodie.

| | |
|---|---|
| I must say, I do like this. | *Ich muss sagen, das schmeckt mir wirklich.* |
| It's one of the specialities of the region. | *Es ist eine Spezialität der Region.* |
| I suggest you try this. | *Probieren Sie es doch einmal.* |
| I'd certainly like to try it. | *Ich würde es gern probieren.* |
| Go ahead. I think you'll love it! | *Legen Sie los. Ich glaube, es wird Ihnen schmecken!* |
| I love Italian cuisine. | *Ich liebe italienische Küche.* |

## 19 Discussing holidays

Birgit Kraft und Jan Larsson unterhalten sich während der Kaffeepause zwischen den Verhandlungen.
Finden Sie heraus, ob Mr Larsson eine Region empfiehlt, und wenn ja, welche.

BK You know, my husband and I like Italy a lot, Mr Larsson.
JL Oh yes? Well, it so happens my family and I went to Sorrento in April – for the first time. Have you ever been there?
BK No, not Sorrento. We usually go to Tuscany.
JL Tuscany. I've always wanted to go there. You recommend it, do you?

*BK Wissen Sie, mein Mann und ich lieben Italien sehr, Mr Larsson.*
*JL Oh, ja? Nun, zufälligerweise war ich mit meiner Familie im April in Sorrent – zum ersten Mal. Sind Sie schon einmal dort gewesen?*
*BK Nein, nicht in Sorrent. Wir fahren normalerweise in die Toskana.*
*JL Die Toskana? Dort wollte ich schon immer mal hin. Sie empfehlen sie also?*

BK Oh, yes, it's wonderful. You'd love the climate. Really, you should go there one day.

*BK Oh, ja. Sie ist wunderschön. Sie würden das Klima dort lieben. Wirklich, Sie sollten eines Tages dort hinfahren.*

Empfiehlt Mr Larsson eine Region, und wenn ja, welche?
Er empfiehlt keine.

## 20 Phrase Bank

Hören Sie die folgenden Gesprächsbeiträge und wiederholen Sie sie. Achten Sie auf Betonung und Satzmelodie.

| | |
|---|---|
| We like Italy a lot. | *Wir lieben Italien sehr.* |
| We went to Sorrento in April for the first time. | *Im April waren wir zum ersten Mal in Sorrent.* |
| Have you ever been there? | *Waren Sie schon einmal dort?* |
| We usually go to Tuscany. | *Wir fahren normalerweise in die Toskana.* |
| I've always wanted to go there. | *Ich wollte schon immer mal dorthin (fahren).* |
| You'd love the climate. | *Sie würden das Klima lieben.* |
| You recommend it, do you? | *Sie empfehlen es also?* |
| You should go there one day. | *Sie sollten eines Tages dort hinfahren.* |

## 21 Chatting at the bar

Franco Comini trinkt jetzt ein Glas mit Kurt Stephan von Möbel Roth.
Finden Sie heraus, wer den Singapore Sling bestellt – Signor Comini, Kurt Stephan oder keiner von beiden.

| | |
|---|---|
| KS Have you ever tried this, Signor Comini? | *KS Haben Sie den schon mal probiert, Signor Comini?* |
| FC Singapore Sling? Hmm, it does look interesting. | *FC Einen Singapore Sling? Hm, das sieht ja interessant aus.* |
| KS I can really recommend it! | *KS Ich kann ihn wirklich empfehlen!* |
| FC Oh, I'm sure it's excellent, Herr Stephan. But, you know, when I have a cocktail, I usually order a Grasshopper. | *FC Oh, ich bin mir sicher, er ist ausgezeichnet, Herr Stephan. Aber, wissen Sie, wenn ich einen Cocktail trinke, nehme ich normalerweise einen Grasshopper.* |
| KS You do? | *KS Tatsächlich?* |
| FC Yes, but after a long journey – like today – I prefer a nice glass of dry white wine. | *FC Ja, aber nach einer langen Reise wie heute trinke ich lieber ein Glas trockenen Weißwein.* |
| KS Personally, I find beer most refreshing after travelling. | *KS Ich persönlich finde Bier nach einer (langen) Reise überaus erfrischend.* |

Wer bestellt also den Singapore Sling – Signor Comini, Kurt Stephan oder keiner von beiden?
Kurt Stephan.

## 22 Phrase Bank

Hören Sie die folgenden Gesprächsbeiträge und wiederholen Sie sie. Achten Sie auf Betonung und Satzmelodie.

| | |
|---|---|
| Have you ever tried Singapore Sling? | *Haben Sie schon mal einen Singapore Sling probiert?* |
| I can recommend it. | *Ich kann es empfehlen.* |
| When I have a cocktail, I usually order a Grasshopper. | *Wenn ich einen Cocktail trinke, nehme ich normalerweise einen Grasshopper.* |
| I prefer a nice glass of dry white wine. | *Ich trinke lieber ein Glas trockenen Weißwein.* |
| I find beer most refreshing. | *Ich finde Bier überaus erfrischend.* |
| This is a local brew. | *Das ist ein Bier aus dieser Gegend.* |
| You might like to try the local wine. | *Vielleicht möchten Sie den Wein aus dieser Gegend probieren?* |

## 23 Finding out about shared interests

Franco Comini und Kurt Stephan setzen ihr Gespräch fort.
Finden Sie heraus, welche gemeinsamen Interessen die beiden entdecken.

| | | | |
|---|---|---|---|
| KS | So, what do you do in your spare time, Signor Comini? Do you play any kind of sport? | *KS* | *Also, was machen Sie in Ihrer Freizeit, Signor Comini? Treiben Sie Sport?* |
| FC | Well, I like a game of tennis. But it's hard to find the time for it these days. | *FC* | *Nun, ich spiele gerne mal eine Partie Tennis. Aber zur Zeit ist es schwer, die Zeit dafür zu finden.* |
| KS | Oh, I know what you mean. Business always comes first. | *KS* | *Oh, ich weiß, was Sie meinen. Das Geschäftliche hat immer Vorrang.* |
| FC | I'm afraid so. And, what about you, Herr Stephan? Are you a sportsman? | *FC* | *Leider, ja. Und Sie, Herr Stephan? Sind Sie ein Sportler?* |
| KS | Actually, I like gardening more than anything. | *KS* | *Eigentlich gefällt mir Gartenarbeit am allerbesten.* |
| FC | Really? I do a bit of gardening myself. Mind you, I'm not particularly good at it. | *FC* | *Wirklich? Ich arbeite selbst auch ein bisschen im Garten. Ich bin allerdings nicht besonders talentiert.* |

Welche gemeinsamen Interessen entdecken die beiden?
Die Gartenarbeit.

## 24 Phrase Bank

Hören Sie die folgenden Gesprächsbeiträge und wiederholen Sie sie. Achten Sie auf Betonung und Satzmelodie.

| | |
|---|---|
| So, what do you do in your spare time? | *Also, was machen Sie in Ihrer Freizeit?* |
| Do you play any kind of sport? | *Treiben Sie Sport?* |
| Are you interested in football? | *Interessieren Sie sich für Fußball?* |
| I like a game of tennis. | *Ich spiele gerne mal eine Partie Tennis.* |
| Do you play tennis? | *Spielen Sie Tennis?* |
| What about you? | *Und Sie? (Und wie steht's mit Ihnen?)* |
| I like gardening more than anything. | *Gartenarbeit gefällt mir am allerbesten.* |
| I do a bit of gardening myself. | *Ich arbeite selbst auch ein bisschen im Garten.* |

## 25 Talking about national differences

Lynn Jones unterhält sich noch immer mit Jürgen Graf in München.
Finden Sie heraus, wie der 1. Januar in Großbritannien genannt wird.

| | | | |
|---|---|---|---|
| LJ | So you meet on the first Monday of each month ... | *LJ* | *Sie treffen sich also immer am ersten jedes Monats ...* |
| JG | Yes, but not next month. That's the 1st of January. It's a public holiday. | *JG* | *Ja, aber nicht nächsten Monat. Das ist der 1. Januar. Es ist ein gesetzlicher Feiertag.* |
| LJ | Ah, yes. It's a holiday for us too. | *LJ* | *Ah, ja. Bei uns ist es auch ein Feiertag.* |
| JG | In Britain, you mean. | *JG* | *In Großbritannien, meinen Sie.* |
| LJ | Yes. And if the 1st of January fell on a Saturday or a Sunday, you'd have the holiday on the following Monday, would you? | *LJ* | *Ja. Und wenn der 1. Januar auf einen Samstag oder Sonntag fallen würde, wäre der darauf folgende Montag ein Feiertag, nicht wahr?* |
| JG | Actually, no, we wouldn't. Is that the custom in Britain, Ms Jones? | *JG* | *Also, eigentlich nicht. Ist das bei Ihnen in Großbritannien so üblich, Ms Jones?* |
| LJ | Oh, yes. When New Year's Day is on a weekend, we get the Monday off. | *LJ* | *Oh ja. Wenn der Neujahrstag auf ein Wochenende fällt, haben wir am Montag frei.* |
| JG | To compensate for the missed holiday. | *JG* | *Als Ausgleich für den verpassten Feiertag.* |
| LJ | Right. | *LJ* | *Richtig.* |
| JG | Well, that's an interesting difference. | *JG* | *Nun, das ist ein interessanter Unterschied.* |

Wie wird der 1. Januar in Großbritannien genannt?
New Year's Day.

## 26 Phrase Bank

Hören Sie die folgenden Gesprächsbeiträge und wiederholen Sie sie. Achten Sie auf Betonung und Satzmelodie.

Is that the custom here? — *Ist das hier üblich?*
Is that the custom in your country? — *Ist das in Ihrem Land üblich?*
Where I come from, it's different. — *Wo ich herkomme, ist es anders.*
That's not customary with us. — *Das ist bei uns nicht üblich.*
That's an interesting difference. — *Das ist ein interessanter Unterschied.*
We don't do it in quite the same way. — *Bei uns ist es nicht ganz genau so.*

## 27 Pre-meeting business talk

In Hamburg bereiten Kurt Stephan und Franco Comini nun die geschäftlichen Gespräche vor. Finden Sie heraus, wie viele Leute bei dem Treffen anwesend sein werden – zwei, drei oder vier.

FC Well, I'm looking forward to the meeting, Herr Stephan.
*FC Nun, ich freue mich auf unsere Besprechung, Herr Stephan.*

KS Me too, Signor Comini. And, really, I don't see any major problems arising.
*KS Ich auch, Signor Comini. Und ich sehe auch nicht, dass es irgendwelche größeren Probleme geben wird.*

FC Well, there are a couple of points I'll need to raise.
*FC Nun, es gibt ein paar Punkte, die ich ansprechen muss.*

KS I'm sure we'll be able to deal with them.
*KS Ich bin sicher, wir werden damit fertig werden.*

FC So, could you brief me, Herr Stephan? Who will actually be there – apart from us, I mean?
*FC Also, könnten Sie mich bitte kurz informieren, Herr Stephan? Wer wird eigentlich da sein – ich meine, außer uns?*

KS Frau Roth and Herr Block will be joining us. You've met Frau Roth, haven't you?
*KS Frau Roth und Herr Block werden dabei sein. Sie haben Frau Roth (schon) kennen gelernt, nicht wahr?*

FC Yes, I met her at the conference last year in Cologne.
*FC Ja, ich habe sie letztes Jahr auf der Tagung in Köln kennen gelernt.*

Wie viele Leute werden bei dem Treffen anwesend sein – zwei, drei oder vier?
Vier.

## 28 Phrase Bank

Hören Sie die folgenden Gesprächsbeiträge und wiederholen Sie sie. Achten Sie auf Betonung und Satzmelodie.

I'm looking forward to the meeting.
I don't see any major problems arising.

There are a couple of points I'll need to raise.
I'm sure we'll be able to deal with them.
Could you brief me?
Who will actually be there?
You've met Frau Roth, haven't you?

*Ich freue mich auf die Besprechung.*
*Ich sehe nicht, dass es irgendwelche größeren Probleme geben wird.*
*Es gibt ein paar Punkte, die ich ansprechen muss.*
*Ich bin sicher, wir werden damit fertig werden.*
*Könnten Sie mich bitte kurz informieren?*
*Wer wird eigentlich da sein?*
*Sie haben Frau Roth (schon) kennen gelernt, nicht wahr?*

# Dialoge mit Rollenspielen

Nehmen Sie nun selbst an Gesprächen teil! Sie können dabei die eben gelernten Ausdrücke und Redewendungen verwenden. Ein englischer Sprecher gibt Ihnen jeweils an, was Sie sprechen sollen. Sprechen Sie direkt nach dem Signalton. Im Anschluss folgt dann eine mögliche Lösung, die Sie mit Ihrer vergleichen können.

## 29+30 Meeting each other & Putting someone at ease

Sie sind Regina Kehl und warten in einem Hotelfoyer in Stuttgart auf Andrew Broome, einen englischen Geschäftsmann, den Sie noch nicht kennen. Sie werden an einer geschäftlichen Besprechung mit ihm teilnehmen. Nun glauben Sie, ihn im Foyer zu sehen, daher gehen Sie auf ihn zu und sprechen ihn an.

RK Excuse me, are you Mr Broome? Of Newgate Software?
AB Yes, I'm Andrew Broome.
(Tell him you don't think you've been introduced. Say you are Regina Kehl of Kehl & Frindt.)

RK I don't think we've been introduced. My name's Regina Kehl. I'm with Kehl & Frindt.

AB Ah, nice to meet you, Frau Kehl. I thought it might be you. But with so many people here, I couldn't be sure.
(Tell Mr Broome you're glad he could come.)

*RK Entschuldigen Sie, sind Sie Mr Broome? Von Newgate Software?*
*AB Ja, ich bin Andrew Broome.*
*(Sagen Sie ihm, dass Sie glauben, Sie wurden einander noch nicht vorgestellt. Sagen Sie, Sie sind Regina Kehl von Kehl & Frindt.)*
*RK Ich glaube, wir wurden einander noch nicht vorgestellt. Mein Name ist Regina Kehl. Ich arbeite bei Kehl & Frindt.*
*AB Ah, es freut mich, Sie kennen zu lernen, Frau Kehl. Ich habe mir gedacht, dass Sie es sein könnten. Aber bei all den Leuten hier war ich mir nicht sicher.*
*(Sagen Sie Mr Broome, dass Sie sich freuen, dass er kommen konnte.)*

RK Well, I'm glad you could come, Mr Broome.

*RK Nun, ich freue mich, dass Sie kommen konnten, Mr Broome.*

AB It's a pleasure to be here. But I think I'm rather early, aren't I?

*AB Es ist schön, hier zu sein. Aber ich glaube, ich bin etwas früh dran, oder?*

(Tell him not to worry about that. You'll ask Herr Frindt to come and join you now.)

*(Sagen Sie ihm, er soll sich deswegen keine Gedanken machen. Sie werden Herrn Frindt bitten, jetzt schon zu Ihnen zu kommen.)*

RK Oh, don't worry about that. Look, I'll ask Herr Frindt to come and join us now.

*RK Oh, machen Sie sich deswegen keine Gedanken! Schauen Sie, ich werde Herrn Frindt bitten, jetzt schon zu uns zu kommen.*

AB Fine.

*AB Gut.*

(Tell Mr Broome you'll be meeting in Conference Room 5. Ask if he'd like a cup of coffee.)

*(Sagen Sie Mr Broome, dass Sie sich im Konferenzzimmer 5 treffen werden. Fragen Sie ihn, ob er eine Tasse Kaffee möchte.)*

RK We'll be meeting in Conference Room 5, Mr Broome. Er ... would you like a cup of coffee?

*RK Wir treffen uns im Konferenzzimmer 5, Mr Broome. Äh, ... möchten Sie eine Tasse Kaffee?*

AB No, thanks. Perhaps later.

*AB Nein, danke. Vielleicht später.*

(Tell him you'll just call Herr Frindt to tell him Mr Broome is here.)

*(Sagen Sie ihm, Sie werden Herrn Frindt kurz anrufen, um ihm zu sagen, dass Mr Broome hier ist.)*

RK Right. I'll just call Herr Frindt to tell him you're here.

*RK In Ordnung. Ich rufe nur kurz Herrn Frindt an, um ihm zu sagen, dass Sie hier sind.*

## 31+32 Talking about the journey & Discussing one's home

Sie sind Mathias Schroth und arbeiten für eine Hamburger Firma. Sie haben Antoine Dubois, einen französischen Kunden, am Flughafen abgeholt. Sie fahren nun mit ihm zu Ihrem Büro.

AD Thanks for picking me up, Herr Schroth.

*AD Danke, dass Sie mich abgeholt haben, Herr Schroth.*

(Tell him it's a pleasure and ask Monsieur Dubois if he had a good trip.)

*(Sagen Sie ihm, dass es Ihnen ein Vergnügen war, und fragen Sie Monsieur Dubois, ob er eine gute Reise hatte.)*

MS It's a pleasure. Did you have a good trip, Monsieur Dubois?

*MS War mir ein Vergnügen. Hatten Sie eine gute Reise, Monsieur Dubois?*

AD Oh, pretty good. The main thing is, the flight was on time. I didn't want to be late for the meeting.

*AD Oh, ziemlich gut. Das Wichtigste ist: der Flug war pünktlich. Ich wollte nicht zu spät zum Treffen kommen.*

(Ask him if he flew direct from Paris.)

*(Fragen Sie ihn, ob er direkt von Paris geflogen ist.)*

MS Did you fly direct from Paris?

*MS Sind Sie direkt von Paris geflogen?*

AD Yes, Paris to Hamburg direct.

*AD Ja, direkt von Paris nach Hamburg.*

(Ask Monsieur Dubois if he knows Hamburg.)

*(Fragen Sie Monsieur Dubois, ob er Hamburg kennt.)*

MS Do you know Hamburg, Monsieur Dubois?

*MS Kennen Sie Hamburg, Monsieur Dubois?*

AD No, not at all. You live in Hamburg, do you?
(You don't. Your family and you live about 50 kilometres south.)

MS No, my family and I live about 50 kilometres south.
AD So you commute to work?.
(You do – it's about an hour by car from your home to the office.)
MS Yes, it's about an hour by car from my home to the office.

*AD Nein, überhaupt nicht. Wohnen Sie denn in Hamburg?*
*(Sie wohnen nicht dort. Ihre Familie und Sie wohnen ungefähr 50 Kilometer südlich von Hamburg.)*
*MS Nein, meine Familie und ich wohnen ungefähr 50 Kilometer südlich von hier.*
*AD Also pendeln Sie zur Arbeit?*
*(Das stimmt – es ist etwa eine Stunde mit dem Auto von Ihrem Zuhause zum Büro.)*
*MS Ja, es ist etwa eine Stunde mit dem Auto von meinem Zuhause zum Büro.*

## 33+34 Talking about the locality & Discussing the company and one's work

Sie sind Juliane Hansen, eine Einkäuferin aus Berlin. Sie sind in Glasgow, in Schottland, um Ihrer Kundin, Diane Langford, einen geschäftlichen Besuch abzustatten.

DL So, is this your first time in Glasgow, Frau Hansen?
(Tell her you were here once. But you've never had a chance to really see it.)

JH I was here once. But I've never had a chance to really see it.
DL Oh, it's a fascinating city. How long will you be staying?
(Tell her a couple of days this time. So you should have a bit of free time.)
JH Oh, a couple of days this time. So I should have a bit of free time.
DL Wonderful.
(Tell her, yes, you'd like to see something of the city this time. Ask her what she would recommend.)
JH Yes, I'd like to see something of the city this time. What would you recommend?
DL Well, I tell you, my colleague Ken – Ken Sharp – he's lived in the place all his life ...
(So you suppose he's the man to ask.)

JH So, I suppose he's the man to ask.

*DL Sie sind also zum ersten Mal in Glasgow, Frau Hansen?*
*(Sagen Sie ihr, dass Sie schon einmal hier waren. Aber Sie hatten nie Gelegenheit, es sich richtig anzusehen.)*
*JH Ich war schon einmal hier. Aber ich hatte nie Gelegenheit, es mir richtig anzusehen.*
*DL Oh, es ist eine faszinierende Stadt. Wie lange werden Sie bleiben?*
*(Sagen Sie ihr, ein paar Tage. Sie müssten also ein bisschen Freizeit haben.)*
*JH Oh, ein paar Tage diesmal. Ich müsste also ein bisschen Freizeit haben.*
*DL Wunderbar.*
*(Sagen Sie ihr, dass Sie dieses Mal etwas von der Stadt sehen möchten. Fragen Sie, was sie Ihnen empfehlen würde.)*
*JH Ja, dieses Mal möchte ich etwas von der Stadt sehen. Was würden Sie mir empfehlen?*
*DL Nun, ich kann Ihnen sagen, mein Kollege Ken – Ken Sharp – hat sein ganzes Leben hier verbracht ...*
*(Sie nehmen also an, dass er derjenige ist, den Sie fragen sollten.)*
*JH Ich nehme also an, dass ich ihn fragen sollte.*

DL Yes, Ken's the man. You'll be meeting him in about 15 minutes. So, do you get to travel a lot in your job, Frau Hansen?
(Tell her, yes, you must say you enjoy the travel side of the job.)
DL Yes, I must say I enjoy the travel side of the job.
JH Sounds lovely. Have you been doing it for long?
(Say that you've been with the company for two years now.)
DL Oh, I've been with the company for two years now.

*DL Ja, Ken ist der richtige Mann. Sie werden ihn in ungefähr 15 Minuten treffen. Sind Sie denn oft geschäftlich unterwegs, Frau Hansen?*
*(Sagen Sie ihr, ja – Ihnen gefällt an Ihrem Job, dass Sie oft reisen müssen.)*
*DL Ja, ich muss sagen, mir gefällt an meinem Job, dass ich oft reisen muss.*
*JH Das hört sich toll an. Machen Sie es schon lange?*
*(Sagen Sie, dass Sie jetzt seit zwei Jahren bei der Firma sind.)*
*DL Oh, ich bin jetzt seit zwei Jahren bei der Firma.*

## 35+36 Talking about family matters & Discussing news and recent events

Sie sind Manfred Kramm und arbeiten bei einer Leipziger Firma. Sie warten zusammen mit Mrs Rosemary Burns aus England auf den Beginn der Verkaufsgespräche in Ihren Firmenräumen. Um sich die Zeit zu vertreiben, unterhalten Sie sich über das Problem überfüllter Schulklassen.

RB ... so we have a lot of school classes which are simply too big!
(Tell Mrs Burns you have a similar problem, especially in the big cities.)
MK We have a similar problem, Mrs Burns, especially in the big cities.
RB Well, I'm very concerned about it. Do you have any children, Herr Kramm?
(You've got a daughter. She's just turned eight.)
MK Yes. I've got a daughter. She's just turned eight.
RB Oh, so I expect you must be worried about big school classes too.
(Tell Mrs Burns you've just seen the latest news.)
MK Well, I've just seen the latest news, Mrs Burns.
RB Oh, yes?
(Tell her there's a new plan to attract retired teachers back into teaching.)
MK Yes, there's a new plan to attract retired teachers back into teaching.

*RB ... wir haben also eine Menge Schulklassen, die einfach zu groß sind!*
*(Sagen Sie Mrs Burns, dass Sie ein ähnliches Problem haben, besonders in den Großstädten.)*
*MK Wir haben ein ähnliches Problem, Mrs Burns, besonders in den Großstädten.*
*RB Nun, wir sind sehr besorgt darüber. Haben Sie Kinder, Herr Kramm?*
*(Sie haben eine Tochter. Sie ist gerade acht Jahre alt geworden.)*
*MK Ja, ich habe eine Tochter. Sie ist gerade acht Jahre alt geworden.*
*RB Oh, dann müssen Sie ja auch über die großen Schulklassen besorgt sein.*
*(Sagen Sie Mrs Burns, dass Sie gerade die letzten Nachrichten gesehen haben.)*
*MK Nun, ich habe gerade die letzten Nachrichten gesehen, Mrs Burns.*
*RB Ach ja?*
*(Sagen Sie ihr, dass es einen neuen Plan gibt, um pensionierte Lehrer wieder fürs Unterrichten zu gewinnen.)*
*MK Ja, es gibt einen neuen Plan, um pensionierte Lehrer wieder fürs Unterrichten zu gewinnen.*

RB Retired teachers!
(Ask what she thinks about that?)
MK Yes. What do you think about that ?
RB Well, I think it still wouldn't solve the problem. Something more fundamental has got to change!
(Ask what she would like to see happen.)

MK So what would you like to see happen?

*RB Pensionierte Lehrer!*
*(Fragen Sie sie, was sie davon hält.)*
*MK Ja, was halten Sie davon?*
*RB Nun, ich meine, das würde das Problem immer noch nicht lösen. Etwas Grundsätzlicheres muss sich ändern!*
*(Fragen Sie sie, was ihrer Meinung nach geschehen sollte.*
*MK Was sollte Ihrer Meinung nach geschehen?*

## 37+38 Talking about food & Discussing holidays

Sie sind Klaus Ebert, einer von mehreren Vertretern, die die Produkte ihrer Firma auf einer Athener Handelsmesse vorführen. An der Rezeption sprechen Sie mit Olivia Katalas, einer der Organisatorinnen.

OK This is one of the specialities of the region, Herr Ebert.
(Tell her that you'd certainly like to try it.)
KE Oh, I'd certainly like to try it.
OK You'll find it isn't at all spicy. It's really quite mild.
(Reply to Mrs Katalas that you must say, you do like this. You love Greek food.)

KE Mm, I must say, I do like this, Mrs Katalas. You know, I love Greek food.
OK (*laughing*) Then you should spend your holidays here, Herr Ebert!
(Tell her: maybe next year. Explain that your wife and you have just come back from three weeks in Thailand, actually.)
KE Yes, maybe next year. My wife and I have just come back from three weeks in Thailand, actually.
OK Thailand!
(Yes – ask if she's ever been there.)
KE Yes. Have you ever been there?
OK No. I've always wanted to visit Thailand.
(Tell Mrs Katalas she'd love it there.)

KE You'd love it there, Mrs Katalas.

*OK Das ist eine Spezialität dieser Gegend, Herr Ebert.*
*(Sagen Sie ihr, dass Sie es gern probieren würden.)*
*KE Ich würde es gern probieren.*
*OK Sie werden sehen, es ist überhaupt nicht scharf. Es ist wirklich ziemlich mild.*
*(Erwidern Sie Mrs Katalas: Sie müssen wirklich sagen, dass es Ihnen schmeckt. Sie lieben griechisches Essen.)*

*KE Hm, ich muss sagen, Mrs Katalas, das schmeckt mir wirklich sehr. Wissen Sie, ich liebe griechisches Essen.*
*OK (lacht) Dann sollten Sie Ihren Urlaub hier verbringen, Herr Ebert.*
*(Sagen Sie ihr: Vielleicht nächstes Jahr. Erklären Sie ihr, dass Sie und Ihre Frau gerade von einem dreiwöchigen Thailandaufenthalt zurückgekommen sind.)*
*KE Ja, vielleicht nächstes Jahr. Meine Frau und ich sind gerade von einem dreiwöchigen Thailandaufenthalt zurückgekommen.*
*OK Thailand!*
*(Ja – fragen Sie, ob sie schon einmal dort war.)*
*KE Ja. Waren Sie schon einmal dort?*
*OK Nein. Ich wollte schon immer einmal nach Thailand.*
*(Sagen Sie Mrs Katalas, dass es ihr dort sehr gut gefallen würde.)*
*KE Es würde Ihnen dort sehr gut gefallen, Mrs Katalas.*

OK Yes, I've always been attracted to Thai culture, you know?
(Tell her she should go there one day.)
KE You should go there one day.

*OK Ja, die thailändische Kultur hat mich schon immer angesprochen, wissen Sie?*
*(Sagen Sie ihr, sie sollte eines Tages dort hinfahren.)*
*KE Sie sollten eines Tages dort hinfahren.*

## 39+40 Chatting at the bar & Finding out about shared interests

Sie sind Bernd Wagner, der Einkäufer einer Firma in Bremen. Bevor die Verkaufsgespräche beginnen, genehmigen Sie sich einen Drink mit Stan Pilecki, einem polnischen Kunden.

SP Ah, that's lovely. I've been looking forward to that since lunch.
(Tell him you like a glass of red wine too. Check with him that it's a Médoc.)
BW I like a glass of red wine too. That's a Médoc, isn't it?
SP Yes – a very good one. So, you prefer beer, do you, Herr Wagner?
(Yes – tell him it's a local brew. You generally have a glass of beer at the end of a working day.)
BW Yes. This is a local brew. I generally have a glass of beer at the end of a working day.
SP Not me. I have to watch my weight, I'm afraid. Especially when I'm travelling.
(Ask Mr Pilecki what he does to keep fit. Ask if he plays any kind of sport.)
BW So, what do you do to keep fit, Mr Pilecki? Do you play any kind of sport?
SP Golf, mainly. What about you, Herr Wagner? Do you play golf?
(Tell him you don't – you like cycling more than anything.)
BW No, I don't. I like cycling more than anything.
SP Ah, you know, my wife and I have just bought an exercise bike. Do you have one of those?

*SP Ah, das ist herrlich. Ich habe mich seit dem Mittagessen darauf gefreut.*
*(Sagen Sie ihm, dass Sie auch gern ein Glas Rotwein trinken. Fragen Sie ihn, ob es ein Médoc ist.)*
*BW Ich trinke auch gern ein Glas Rotwein. Das ist ein Médoc, nicht wahr?*
*SP Ja – ein sehr guter. Sie trinken also lieber Bier, Herr Wagner?*
*(Ja – sagen Sie ihm, dass es ein Bier aus dieser Gegend ist. Sie trinken in der Regel ein Glas Bier am Ende eines Arbeitstages.)*
*BW Ja, das ist ein Bier aus dieser Gegend. Ich trinke in der Regel ein Glas Bier am Ende eines Arbeitstages.*
*SP Ich nicht. Ich muss leider auf mein Gewicht achten. Besonders, wenn ich unterwegs bin.*
*(Fragen Sie Mr Pilecki, was er tut, um fit zu bleiben. Fragen Sie ihn, ob er Sport treibt.)*
*BW Was tun Sie denn, um fit zu bleiben, Mr Pilecki? Treiben Sie Sport?*
*SP Golf, hauptsächlich. Und Sie, Herr Wagner? Spielen Sie Golf?*
*(Verneinen Sie und sagen Sie, dass Sie sehr gern Fahrrad fahren.)*
*BW Nein, ich fahre sehr gern Fahrrad.*
*SP Ah, wissen Sie, meine Frau und ich haben gerade einen Fahrradtrainer gekauft. Haben Sie auch einen?*

## 41+42 Talking about national differences & Pre-meeting business talk

Sie sind Kristina Fuchs und arbeiten für eine Firma in Duisburg. Sie sind zu Verhandlungsgesprächen mit Guiseppe Pinchiorris Firma nach Neapel gefahren.

GP So, did you enjoy your lunch, Frau Fuchs?
(Tell him it was excellent. But the *antipasto* was almost enough for you!)

KF It was excellent. But the *antipasto* was almost enough for me!

GP Aren't you used to starters like that?
(Tell him where you come from, it's different. You usually just have soup before the main course.)

KF Where I come from, it's different. We usually just have soup before the main course.

GP With a bottle of table wine?
(No – tell Signor Pinchiorri that's not customary in your part of the world.)

KF No. That's not customary in my part of the world, Signor Pinchiorri.

GP It's not?
(No – tell him you might have a glass of wine later, in the evening.)

KF No. We might have a glass of wine later, in the evening.

GP Well, that's interesting.
(So tell him you won't drink too much now. You want to keep a clear head.)

KF So, I won't drink too much now. I want to keep a clear head.

GP For this afternoon's talks, you mean?
(Yes – ask him to brief you. Ask who will actually be there.)

KF Yes. Could you brief me? Who will actually be there?

GP Well, Signora Vasari's coming. You've met Signora Vasari, haven't you?
(Yes – she picked you up at the airport.)

KF Yes, she picked me up at the airport.

*GP Na, hat Ihnen Ihr Mittagessen geschmeckt, Frau Fuchs?*
*(Sagen Sie ihm, dass es hervorragend war. Aber das* antipasto *war fast schon genug für Sie!)*

*KF Es war hervorragend. Aber das* antipasto *war fast schon genug für mich!*

*GP Sind Sie solche Vorspeisen nicht gewohnt?*
*(Sagen Sie ihm, dass es dort, wo Sie herkommen, anders ist. Sie essen normalerweise nur eine Suppe vor dem Hauptgericht.)*

*KF Wo ich herkomme, ist das anders. Wir essen normalerweise nur eine Suppe vor dem Hauptgericht.*

*GP Mit einer Flasche Tafelwein?*
*(Nein – sagen Sie Signor Pinchiorri, dass das in Ihrem Teil der Welt nicht üblich ist.)*

*KF Nein, das ist in meinem Teil der Welt nicht üblich, Signor Pinchiorri.*

*GP Nicht?*
*(Nein – sagen Sie ihm, dass Sie etwas später, am Abend, vielleicht ein Glas Wein trinken.)*

*KF Nein, wir trinken etwas später, am Abend, vielleicht ein Glas Wein.*

*GP Nun, das ist interessant.*
*(Sagen Sie ihm, dass Sie jetzt also nicht so viel trinken werden. Sie wollen einen klaren Kopf behalten.)*

*KF Ich werde jetzt also nicht so viel trinken. Ich möchte einen klaren Kopf behalten.*

*GP Sie meinen, für die Gespräche am Nachmittag?*
*(Ja – bitten Sie ihn, Sie kurz zu informieren. Fragen Sie ihn, wer eigentlich da sein wird.)*

*KF Ja. Können Sie mich kurz informieren? Wer wird eigentlich da sein?*

*GP Nun, Signora Vasari wird kommen. Sie kennen Signora Vasari, nicht wahr?*
*(Ja – sie hat Sie am Flughafen abgeholt.)*

*KF Ja, sie hat mich am Flughafen abgeholt.*

GP And then Signor Bianco will be there. He's our Chief Buyer.

(Tell Signor Pinchiorri there are actually a couple of points you'd like to raise right now, if he doesn't mind.)

KF Signor Pinchiorri, there are actually a couple of points I'd like to raise right now, if you don't mind.

*GP Und dann wird Signor Bianco dort sein. Er ist unser Chefeinkäufer.*

*(Sagen Sie Signor Pinchiorri, dass Sie eigentlich jetzt gleich ein paar Punkte ansprechen möchten, wenn er nichts dagegen hat.)*

*KF Signor Pinchiorri, wenn Sie nichts dagegen haben, möchte ich eigentlich jetzt gleich ein paar Punkte ansprechen.*

## 43 Abschlusstest

Sehr gut – Sie haben den Kurs absolviert und nun haben Sie die Möglichkeit, Ihr Wissen in einem Abschlusstest zu überprüfen. Sie hören 15 Anweisungen, anhand derer Sie die Sätze vervollständigen sollen, der Beginn ist jeweils vorgegeben. Sprechen Sie nach dem Signalzeichen und hören Sie sich danach den vollständigen Satz zur Kontrolle an.
Wenn Sie die vollständige Antwort richtig gesprochen haben – oder eine ähnliche Antwort mit gleicher Bedeutung gegeben haben – erhalten Sie jeweils einen Punkt. Ermitteln Sie so Ihre Gesamtpunktzahl.
Good luck!

*(Introduce yourself.)*
▶ Begin: May I ...?
May I introduce myself?

*(Stellen Sie sich vor.)*
▶ Beginnen Sie: Darf ich ...?
Darf ich mich vorstellen?

*(Your customer has introduced herself. Reply to her.)*
▶ Begin: Hello, nice ...
Hello, nice to meet you.

*(Ihre Kundin hat sich Ihnen vorgestellt. Antworten Sie ihr.)*
▶ Beginnen Sie: Hallo, freut mich ...
Hallo, freut mich, Sie kennen zu lernen.

*(Put a customer at ease.)*
▶ Begin: Make yourself ...
Make yourself at home.

*(Bieten Sie Ihrem Kunden an, er soll sich wie zu Hause fühlen.)*
▶ Beginnen Sie: Fühlen Sie sich wie ...
Fühlen Sie sich wie zu Hause.

*(Tell your customer she may look around.)*
▶ Begin: Feel ...
Feel free to look around.

*(Sagen Sie Ihrer Kundin, dass sie sich ruhig umschauen kann.)*
▶ Beginnen Sie: Sehen Sie ...
Sehen Sie sich ruhig um.

*(Ask where your customer's home is.)*
▶ Begin: Where are you ...?
Where are you from exactly?

*(Fragen Sie, woher genau der Kunde kommt.)*
▶ Beginnen Sie: Wo genau ...?
Wo genau kommen Sie her?

*(You're in Hamburg and you'd like to know if your customer has been there before.)*

▸ Begin: Is this ...?
Is this your first time in Hamburg?

*(You think your customer's base is Bordeaux. Ask if this is so.)*

▸ Begin: You're ...
You're based in Bordeaux, aren't you?

*(You want to know if your customer has children.)*

▸ Begin: Do you ...?
Do you have any children?

*(Ask your customer what she would like to see happen.)*

▸ Begin: What ...?
What would you like to see happen?

*(You'd like to know if your customer has been to Rome.)*

▸ Begin: Have you ...?
Have you ever been to Rome?

*(Ask if your customer recommends the Algarve.)*

▸ Begin: You ...?
You recommend the Algarve, do you?

*(Suggest that your customer tries the local wine.)*

▸ Begin: You might ...
You might like to try the local wine.

*(Say that cycling is what you like most.)*

▸ Begin: I like cycling more ...
I like cycling more than anything.

*(Sie sind in Hamburg und Sie möchten wissen, ob Ihr Kunde schon einmal dort gewesen ist.)*

▸ Beginnen Sie: Sind Sie ...?
Sind Sie zum ersten Mal in Hamburg?

*(Sie denken, die Niederlassung Ihres Kunden ist in Bordeaux. Fragen Sie nach, ob dies so ist.)*

▸ Beginnen Sie: Ihre Niederlassung ...
Ihre Niederlassung ist in Bordeaux, nicht wahr?

*(Sie wollen wissen, ob Ihr Kunde Kinder hat.)*

▸ Beginnen Sie: Haben Sie ...?
Haben Sie Kinder?

*(Fragen Sie Ihre Kundin, welche Entwicklung Sie gerne sehen würde.)*

▸ Beginnen Sie: Welche Entwicklung ...?
Welche Entwicklung würden Sie denn gerne sehen?

*(Sie möchten wissen, ob Ihr Kunde schon einmal in Rom gewesen ist.)*

▸ Beginnen Sie: Waren Sie ...?
Waren Sie schon einmal in Rom?

*(Fragen Sie Ihren Kunden, ob er die Algarve empfehlen kann.)*

▸ Beginnen Sie: Sie können ...?
Sie können die Algarve also empfehlen?

*(Schlagen Sie vor, dass Ihr Kunde den Wein aus der Gegend probiert.)*

▸ Beginnen Sie: Probieren Sie doch mal ...
Probieren Sie doch mal den Wein aus der Gegend.

*(Sagen Sie, dass Ihnen Fahrrad fahren am besten gefällt.)*

▸ Beginnen Sie: Fahrrad fahren ...
Fahrrad fahren gefällt mir am besten.

*(Say that you'll need to raise a few points.)*

- Begin: There are ...
  There are a few points I'll need to raise.

*(Sagen Sie, dass Sie ein paar Punkte ansprechen müssen.)*

- Beginnen Sie: Es gibt (da) ein paar Punkte, ...
  Es gibt (da) ein paar Punkte, die ich ansprechen muss.

(Say that you don't think any major problems will arise.)

- Begin: I don't see ...
  I don't see any major problems arising.

*(Sagen Sie, dass Sie nicht glauben, dass es größere Probleme geben wird.)*

- Beginnen Sie: Ich glaube nicht, dass ...
  Ich glaube nicht, dass es größere Probleme geben wird.

## Lösungen zu den Hörverständnisfragen

**Meeting each other**
Wer kennt Jane Gordon – Christina, Alan oder beide?
Beide.

**Putting someone at ease**
Befinden sie sich in Christinas Büro, in Mr Parfitts Büro oder bei Mr Parfitt zu Hause?
In Christinas Büro.

**Talking about the journey**
Wie viele Nächte wird Ray Parfitt in Deutschland verbringen?
Eine Nacht.

**Discussing one's home**
Ist Signor Comini in Mailand, in Perugia oder an einem anderen Ort aufgewachsen?
In Mailand.

**Talking about the locality**
Wie gut kennt Ms Jones München – gut, ein bisschen oder gar nicht?
Nur ein bisschen.

**Discussing the company and one's work**
Wer exportiert nach China: Lynns Firma, Jürgens Firma oder beide?
Beide Firmen.

**Talking about family matters**
Wie viele Kinder hat Senhor Andrade?
Zwei – ein Mädchen und einen Jungen.

**Discussing news and recent events**
Wer weiß etwas Neues über den Eisenbahnerstreik – Herr Graf, Senhor Andrade oder keiner von beiden?
Herr Graf.

**Talking about food**
Probiert Mr Larsson thailändisches oder chinesisches Essen, oder keines von beiden?
Er probiert thailändisches Essen.

**Discussing holidays**
Empfiehlt Mr Larsson eine Region, und wenn ja, welche?
Er empfiehlt keine.

**Chatting at the bar**
Wer bestellt den Singapore Sling – Signor Comini, Kurt Stephan oder keiner von beiden?
Kurt Stephan.

**Finding out shared interests**
Welche gemeinsamen Interessen entdecken die beiden?
Die Gartenarbeit.

**Talking about national differences**
Wie wird der 1. Januar in Großbritannien genannt?
New Year's Day.

**Pre-meeting business talk**
Wie viele Leute werden bei dem Treffen anwesend sein – zwei, drei oder vier?
Vier.

# Tipps

### *Do's and don'ts:* Tabus

Folgende Themen sind beim Small Talk tabu: die eigene Gesundheit oder die Ihres Gesprächspartners, alles was mit den Themen Tod, Sex oder Rassismus zu tun hat, politische Überzeugungen, Finanzen und die Börsennachrichten.

Auch Witze, die die Besonderheiten einiger Nationalitäten zum Thema haben, sollten Sie für sich behalten. (*Have you heard the one about the Englishman, the German and the Italian ...?*)

Vermeiden Sie Gespräche über die Kultur des Gesprächspartners sowie die eigene. Sie langweilen ihn/sie zu Tode, wenn Sie über Cricket, die Monarchie, TV-Programme u.ä. schwafeln. Unverfängliche Unterschiede (z.B. unterschiedliche Feiertage) eignen sich jedoch meist gut. (Siehe auch die Übung *Talking about national differences*).

### *Do's and don'ts: Talking Shop* – Über Geschäftliches sprechen

Auch über das Geschäft spricht man in der Regel nicht, es sein denn, der Gesprächspartner wünscht dies ausdrücklich, um beispielsweise Standpunkte auszuloten und gewisse Fragen bereits vor der eigentlichen Besprechung zu klären. (Siehe auch die Übung *Pre-meeting business talk*)

### Do's and don'ts: Über Geld sprechen

Amerikaner und Briten erachten Gespräche über Geld – und besonders Bemerkungen zum Einkommen – als unangebracht während des Small Talks. Ausgenommen sind natürlich Gespräche, in denen Geldangelegenheiten das Hauptthema sind.

### *Do's and don'ts:* Detailwissen

Die Frage *Read any good books / Seen any good films lately?* (Haben Sie in der letzten Zeit ein gutes Buch gelesen / einen guten Film gesehen?) führt meist zu einem flüssigen Gespräch. Sie ist jedoch für Small Talk, der insgesamt nicht mehr als eine halbe Stunde überbrücken muss, nicht geeignet, da man nicht ins Detail gehen kann und keine Zeit mehr hat, andere Themen anzuschneiden. Denn Small Talk lebt vom leichten Übergang von einem Thema zum anderen – das Festbeißen an einem Thema würgt den Small Talk ab und lässt ihn zum Fachgespräch „verkommen".

Falls Sie im Gespräch herausfinden, dass Sie ein Hobby teilen oder andere gemeinsame Interessen haben, sprechen Sie darüber! (Siehe auch die Übung *Finding out shared interests.*) Hier sind einige Sätze, die Ihnen helfen werden:

| | |
|---|---|
| I'm not really a serious footballer / gardener / collector. | *Ich bin kein ernsthafter Fußballer / Gärtner / Sammler.* |
| It's relaxing after a long day's work, isn't it? | *Das ist entspannend nach einem langen Arbeitstag, nicht wahr?* |
| It keeps you fit / mentally active, don't you think? | *Das hält einen fit / geistig aktiv, finden Sie nicht auch?* |
| When did you take it up? | *Wann haben Sie damit angefangen?* |
| In my part of the world, it's very popular. | *Hier bei uns ist das sehr beliebt.* |
| I play / do it only now and then. | *Ich spiele / mache das nur ab und zu.* |
| We live in a good area for hiking / water sports / theatregoing. | *Wir haben hier gute Möglichkeiten zum Wandern / um Wassersport zu treiben / um ins Theater zu gehen.* |
| I don't understand all the rules. | *Ich verstehe nicht alle Regeln.* |

... aber: Zwingen Sie Ihren Gesprächspartner um Gottes Willen nicht, ausschließlich über „Raumschiff Enterprise" zu sprechen, wenn Sie ein eingefleischter Trekkie sind und Ihr Gegenüber nur wenig Interesse bezeugt hat. Das Gleiche gilt natürlich für alle Themen, die nur bei wenigen Begeisterung auslösen – insbesondere den Sport (Bundesliga-Tabellen etc).

Ein guter Ansatzpunkt sind positive wie negative Dinge, die man gerade erlebt hat (man beachte jedoch die oben aufgeführte Tabu-Liste): *Why does it take so damned long to get a shuttle from Heathrow?* (Warum dauert es so verdammt lange, ein Shuttle von Heathrow zu bekommen?)
Passen Sie jedoch auf, dass Sie Ihr Gegenüber nicht mit Details langweilen. Niemand möchte Ihren exakten Flugplan oder Ihre sorgfältig ausgewählte Anfahrtsroute in allen Einzelheiten zu hören bekommen.

## *Do's and don'ts:* Und dann wäre da noch ... das Wetter

Ein anderes beliebtes Thema beim Small Talk ist das Wetter. Es ist ein unverfängliches und bei den Engländern sehr beliebtes Thema. Hier einige Wendungen rund ums Wetter, die das Eis brechen werden:

| | |
|---|---|
| Isn't it a beautiful day today? | *Ist heute nicht ein schöner Tag!* |
| We're so lucky with the weather at the moment. | *Wir haben zur Zeit viel Glück mit dem Wetter.* |
| Great weather today, isn't it? | *Tolles Wetter heute, nicht wahr?* |
| Ah, it's so nice to have a bit of rain at last. | *Ah, es tut so gut, endlich ein bisschen Regen zu haben.* |
| So, it looks like it's going to be another sunny day today. | *Es sieht so aus, als hätten wir wieder einen sonnigen Tag heute.* |
| Have you seen the weather report / forecast? | *Haben Sie den Wetterbericht / die Wettervorhersage gesehen?* |
| Yes, it's supposed to be rather cool, but dry. | *Ja, es soll ziemlich kühl werden, aber trocken bleiben.* |
| It was rather fresh this morning. | *Es war ziemlich kühl heute Morgen.* |
| It was so windy that the plane couldn't take off. | *Es war so windig, dass das Flugzeug nicht starten konnte.* |
| The wind will increase to gale force by tonight. | *Der Wind wird bis heute Abend Sturmstärke erreichen.* |
| Yes, I'm afraid it'll get even hotter in the afternoon. | *Ja, ich fürchte, es wird heute Nachmittag noch heißer.* |
| Last week, we had temperatures up to 95°F. | *Letzte Woche hatten wir Temperaturen bis zu 95°F.* |
| This morning it was pleasantly warm – not more than 25°C. | *Heute Morgen war es angenehm warm – nicht mehr als 25°C.* |
| I hear the weather is improving. | *Ich habe gehört, dass das Wetter besser werden soll.* |
| I'm always lucky / unlucky with the weather when I travel. | *Ich habe immer / nie Glück mit dem Wetter, wenn ich unterwegs bin.* |

**Wie warm sind 95°F?**

| | | | | | | | | | | | |
|---|---|---|---|---|---|---|---|---|---|---|---|
| **-40°C** | **-17,7°C** | **-10°C** | **0°C** | **+5°C** | **+10°C** | **+15°C** | **+18°C** | **+20°C** | **+25°C** | **+30°C** | **+35°C** |
| **-40°F** | **0°F** | **14°F** | **32°F** | **41°F** | **50°F** | **59°F** | **64,4°F** | **68°F** | **77°F** | **86°F** | **95°F** |

**Bekommen Sie nur einsilbige Antworten? *Ask wh-questions!***

Wenn Sie nur ein kurzes Ja oder Nein als Antwort von Ihrem Gegenüber erhalten und sich kein Gespräch entwickeln will, versuchen Sie, keine Ja-Nein-Fragen zu stellen, sondern so genannte *wh*-Fragen (*where, why, when, what, who*). Diese Fragen bringen eine Unterhaltung in Gang:

| | |
|---|---|
| Where (is your home town)? | *Wo (sind Sie zu Hause)?* |
| Why (has baseball never caught on in Europe)? | *Warum (hat sich Baseball in Europa nie durchgesetzt)?* |
| When (did you arrive in ... )? | *Wann (sind Sie in ... angekommen)?* |
| What (is your impression of ...)? | *Was (ist Ihr Eindruck von ... )?* |
| Who (is Herr Brandt )? | *Wer (ist Herr Brandt)?* |
| Also: How (did you get to Heathrow?) | *auch: Wie (sind Sie nach Heathrow gekommen)?* |

Seien Sie aber dabei nicht zu aufdringlich. Einige Nationalitäten, z.B. die Briten und Skandinavier, neigen eher dazu, zurückhaltend zu sein und möchten ihre Privatsphäre lieber unangetastet lassen. Sie ziehen es vor, über oberflächlichere Small-Talk-Themen wie Urlaubsziele oder Kulinarisches zu sprechen, als über sich selbst. Südeuropäer sind dagegen, wie allgemein bekannt ist, etwas auskunftsfreudiger. Passen Sie sich also den Gegebenheiten an.

***„How about a drink?"* – Jemanden auf einen Drink einladen**

Sie möchten vielleicht vor einer Verhandlung oder in einer Verhandlungspause vorschlagen, etwas trinken zu gehen. Hier sind ein paar nützliche Sätze, die Ihnen dabei helfen werden:

| | |
|---|---|
| Shall we have a drink at the bar? | *Wollen wir einen Drink an der Bar einnehmen?* |
| Do you fancy a drink? | *Wie wär's mit einem Drink?* |
| May I buy you a drink? | *Darf ich Sie zu einem Drink einladen?* |
| How about a quick drink before the next session starts? | *Wie wäre es mit einem schnellen Drink, bevor die nächste Sitzung anfängt?* |
| There's a nice little bar on the ground floor. I suggest we go there. | *Es gibt eine hübsche kleine Bar im Erdgeschoss. Ich schlage vor, wir gehen dort hin.* |

... à propos Wein: Man hat heutzutage in den Supermärkten und *off-licenses* in Großbritannien eine große und internationale Auswahl, aber die Weine sind dort teurer als in Deutschland. In normalen Bars ist die Auswahl sehr viel kleiner und Sie werden dort auch selten gute Weine im Angebot finden. Auch fehlt oft ein Allgemeinwissen über die Lagerung und das Servieren von Wein.

In den Pubs wird meist Bier getrunken – *Lager* (kalt serviertes, helles Bier) oder *Bitter* (etwas würziger schmeckendes, dunkles Bier, das bei Zimmertemperatur getrunken wird). Wenn Sie zu Hause lieber Alsterwasser oder Radler trinken, probieren Sie doch mal ein *shandy* – ein Mixgetränk aus Bier und Limonade, das in England in der Regel etwas süßer gemischt wird als in Deutschland. Bier bestellt man in *half pints* oder *pints* (1 *Pint* = 0,57 Liter).

## *"When in Rome ... "* – Sich den Gepflogenheiten des Gastlandes anpassen

Sie werden möglicherweise ausländische Kunden nicht nur in Deutschland empfangen, sondern auch in deren Heimatländer reisen, um sie zu treffen. Diese Kunden haben wahrscheinlich ein anderes soziales und kulturelles Umfeld als das Ihre. Hier ist es wichtig, sich vor der Reise über die Erwartungen des Kunden im Gastland zu informieren: Wie stellt man sich vor? Wird ein Gastgeschenk erwartet und wenn ja, was muss ich dabei beachten? Hier ein kleiner Test:

Wie gut kennen Sie die Gepflogenheiten des Gastlandes?

1. Sie treffen in China eine Firmendelegation – der Geschäftsführer (*managing director*), die Sekretärin (*secretary*) und die Assistentin des Geschäftsführers (*assistant manager*). In welcher Reihenfolge sollten Sie ihre Hände schütteln?
2. Sie sind noch immer in China und erhalten von Ihrem Gastgeber ein in Geschenkpapier verpacktes (*gift-wrapped*) Geschenk. Sie danken ihm. Wann sollten Sie das Geschenk auspacken?
3. In Indien werden Sie während des Small Talks möglicherweise sehr persönliche Fragen hören, wie z.B. *How old is your mother?* und *How much did your home cost?* Wie sollten Sie reagieren?
4. Sie dinieren mit einem Geschäftspartner aus Saudi-Arabien in dessen Wohnung. Plötzlich taucht seine Ehefrau auf, der Sie noch nicht vorgestellt wurden. Was sollten Sie tun?
5. Ein koreanischer Firmenvertreter reicht Ihnen seine Visitenkarte (*business card*). Was sollten Sie tun?
6. In Großbritannien werden Sie zur Begrüßung oft *How do you do?* hören. Wie sollten Sie darauf reagieren?

Antworten zu den Fragen:

1. Begrüßen Sie die Delegationsmitglieder streng nach ihrem Rang innerhalb der Firma: *managing director, assistant manager, secretary*. Das *ladies-first*-Prinzip ist hier fehl am Platz!
2. Nachdem Sie wieder allein sind – Ihre Gastgeber werden das gleiche tun und Ihr Geschenk auch erst auspacken, wenn Sie gegangen sind.
3. Geben Sie vage, allgemeine Antworten – Ihre Gäste bezeugen mit diesen Fragen lediglich zuvorkommendes Interesse. Ihre Fragen sind Teil eines Höflichkeitsrituals, daher ist niemand wirklich an Ihrer Antwort interessiert.
4. Vermeiden Sie direkten Augenkontakt mit ihr und schütteln Sie ihr nicht die Hand. Das ist die höflichste Art, sich in diesem Land in einer solchen Situation zu verhalten.
5. Lesen Sie sie vollständig durch und stecken Sie sie dann in Ihre Tasche. Dies bezeugt höfliches Interesse an der Person und seiner Firma. Das Übergeben und Entgegennehmen der Visitenkarten mit beiden Händen als Ausdruck von Respekt im Fernen Osten ist heute nicht mehr zwingend notwendig, wird aber oft noch praktiziert. Richten Sie sich nach Ihrem Gastgeber: Überreicht er Ihnen seine Visitenkarte mit beiden Händen, so sollten Sie sie ebenfalls mit beiden Händen entgegennehmen und Ihre eigene Visitenkarte in der gleichen Form aushändigen.
6. Erwidern Sie ebenfalls *How do you do?* Diese Begrüßung ist keine richtige Frage und niemand erwartet darauf eine Antwort. Erwidern Sie nicht *Fine, thanks!* oder etwa *How do I do what?!*

# Wortschatzliste (Englisch–Deutsch)

| | |
|---|---|
| °C (degree(s) Centigrade) | Grad Celsius |
| °F (degree(s) Fahrenheit) | Grad Fahrenheit |

**A**

| | |
|---|---|
| a(n) | ein |
| able (be ~ to) | fähig (zu etwas fähig sein, etwas können) |
| about | über |
| accept | akzeptieren |
| active | aktiv |
| actually | eigentlich, tatsächlich |
| affect | betreffen |
| afraid (to be ~) | ängstlich (fürchten, leider) |
| after | nach |
| afternoon | Nachmittag |
| again | wieder |
| airport | Flughafen |
| all | alle |
| almost | beinahe, fast |
| always | immer |
| and | und |
| antipasto | Vorspeise *(italienisch)* |
| any | welche |
| anything | (irgend)etwas |
| apart | auseinander, außer |
| April | April |
| area | Gegend |
| arise – arose – arisen | aufkommen – kam auf – ist aufgekommen |
| around (look ~) | herum, umher (sich umsehen) |
| arrive | ankommen |
| as | wie |
| as a matter of fact | eigentlich, sogar |
| ask | fragen |
| assistant manager | Assistent des Geschäftsführers |
| at | bei, an, in |
| attract | anziehen |

**B**

| | |
|---|---|
| back | zurück |
| Bali | Bali (*indonesische Insel*) |
| bank | Bank |
| bank holiday | öffentlicher Feiertag |
| bar | Bar |
| based | ansässig |
| baseball | Baseball *(amerikanische Sportart)* |
| basic | grundsätzlich |
| Bavaria | Bayern |
| be – was/were – been | sein – war – gewesen |
| beer | Bier |
| before | vor |
| Beijing | Peking |
| big | groß |
| bike | Fahrrad |
| birthday | Geburtstag |
| bit (a ~) | Bissen, Stück (ein bisschen/wenig) |
| book | Buch |
| born | geboren |
| bottle | Flasche |
| boy | Junge |
| brew | Gebräu, Bier |
| brief | kurz informieren |
| business | Geschäft |
| business card | Visitenkarte |
| but | aber |
| buy – bought – bought | kaufen – kaufte – gekauft |
| buyer | Käufer |
| by | durch, mit, bis |

**C**

| | |
|---|---|
| call | Anruf; rufen |
| can – could | können – konnte |
| car | Auto |
| carafe | Karaffe |
| Cardiff | Cardiff *(Hauptstadt von Wales)* |
| care (take ~ of) | (Für-)Sorge; sorgen (sich kümmern um) |
| careful | vorsichtig |
| case | Fall |
| catch on – caught on – | sich durchsetzen – setzte sich durch – |

| | |
|---|---|
| caught on | durchgesetzt |
| chance (by ~) | Gelegenheit, Zufall (zufällig) |
| change | ändern, verändern; umsteigen |
| chat | plaudern, schwatzen |
| check | nachfragen, überprüfen |
| chief buyer | Haupteinkäufer/in |
| child, *Plural* children | Kind |
| China | China |
| Chinese | chinesisch; Chinese/in |
| city | Stadt |
| class | (Schul-)Klasse |
| clear | klar |
| climate | Klima |
| cloudy | bewölkt |
| Co. | Firma *(Abkürzung für „company")* |
| cocktail | Cocktail *(alkoholisches Mixgetränk)* |
| coffee | Kaffee |
| colleague | Kollege/in |
| collector | Sammler/in |
| come – came – come | kommen – kam – gekommen |
| commute | pendeln |
| company | Firma |
| concerned | besorgt |
| conference | Tagung, Konferenz |
| connection | Verbindung |
| cool | kühl |
| cost | kosten |
| country | Land |
| couple (a ~ of) | Paar (ein paar, einige) |
| cuisine | Küche |
| culture | Kultur |
| cup | Tasse |
| custom | Brauchtum; Zoll |
| customary | üblich |
| cycling | Fahrrad fahren |

**D**

| | |
|---|---|
| damned | verdammt |
| daughter | Tochter |
| day | Tag |
| deal | Geschäft |
| difference | Unterschied |
| different | unterschiedlich |
| direct | direkt |
| direct flight | Direktflug |
| discuss | diskutieren |
| do, does (*3. Pers. Sing.*) – did – done | tun, machen – tat, machte – getan, gemacht |
| don'ts | Dinge, die man nicht tun sollte |
| down | unten, hinunter |
| drink – drank – drunk | trinken – trank – getrunken; Drink, Getränk |
| dry | trocken |
| Dublin | Dublin (*Hauptstadt von Irland*) |

**E**

| | |
|---|---|
| each | jede |
| early | früh |
| ease (put someone at ~) | Behagen (jemandem helfen sich zu entspannen) |
| Eastern | östlich |
| eight | acht |
| end | Ende |
| Englishman | Engländer |
| enjoy | gefallen, gern tun |
| enough | genug |
| er ... | ähm ... |
| especially | besonders |
| Europe | Europa |
| even | sogar |
| evening | Abend |
| event | Veranstaltung |
| ever | jemals |
| exactly | genau |
| excellent | hervorragend |
| excuse | Entschuldigung; (sich) entschuldigen |
| exhausting | erschöpfend, ermüdend |
| exhibition | Ausstellung |
| expect | erwarten |
| export | ausführen, exportieren |

**F**

| | |
|---|---|
| fact (as a matter of ~) | Tatsache (eigentlich, sogar) |
| family | Familie |
| fan | Fan, Bewunderer, Anhänger |
| fancy | mögen, gefallen |

| | |
|---|---|
| Far East | Ferner Osten |
| fascinating | faszinierend |
| feel – felt – felt (~ at home) | fühlen – fühlte – gefühlt (sich wie zu Hause ~) |
| film | Film |
| find – found – found (~ out) | finden – fand – gefunden (herausfinden) |
| first | erste/r/s |
| fit | fit, in Form |
| flight | Flug |
| floor | Stock(werk); Fußboden |
| fly – flew – flown | fliegen – flog – geflogen |
| food | Essen |
| football | Fußball |
| footballer | Fußballer/in |
| for | für |
| forward | geradeaus; weiterleiten |
| free | frei |
| fresh | frisch |
| from | von |
| full | voll |

## G

| | |
|---|---|
| gale | Sturm |
| gale force | Sturmstärke |
| game | Spiel |
| gardener | Gärtner/in |
| gardening | Gartenarbeit |
| generally | normalerweise |
| German | deutsch; Deutsche/r |
| Germany | Deutschland |
| get – got – got | bekommen – bekam – bekommen |
| get in the way | im Weg stehen |
| gift-wrapped | als Geschenk verpackt |
| glad | froh |
| Glasgow | Glasgow *(Stadt in Schottland)* |
| glass | Glas |
| go – went – gone | gehen, fahren – ging, fuhr – gegangen, gefahren |
| golf | Golf |
| good | gut |
| Grasshopper | Grasshopper *(alkoholisches Mixgetränk)* |
| great | großartig |
| Greek | griechisch; Grieche/in |

## H

| | |
|---|---|
| half | halb |
| hand | Hand |
| happen | passieren, geschehen |
| happy | glücklich |
| hard | schwer |
| have, has (*3. Pers. Sing.*) – had – had | haben – hatte – gehabt |
| he | er |
| Head Office | Hauptniederlassung |
| hear | hören |
| Heathrow | Heathrow *(Flughafen von London)* |
| hello | hallo |
| her | sie, ihr |
| here | hier |
| hiking | (das) Wandern |
| him | ihn, ihm |
| his | sein |
| hold – held – held | (be)halten – (be)hielt – (be)halten |
| holiday | Urlaub |
| home (at ~) | Heim (zu Hause) |
| home town | Heimatstadt |
| hope | hoffen |
| hot | heiß |
| hour | Stunde |
| house | Haus |
| how | wie |
| husband | Ehemann |

## I

| | |
|---|---|
| I | ich |
| idea | Idee |
| if | falls, wenn |
| impression | Eindruck |
| improve | (sich) verbessern |
| in | in |
| increase | Wachstum, Zunahme, Erhöhung; (an)wachsen, zunehmen, erhöhen |
| indeed | tatsächlich, wirklich |
| indoor | innen, drinnen |
| interest | Interesse; interessieren |
| interested | interessiert |

| | |
|---|---|
| interesting | interessant |
| international | international |
| into | hinein |
| introduce | vorstellen |
| invite | einladen |
| it | es |
| it so happens | zufälligerweise |
| Italian | italienisch; Italiener/in |

**J**

| | |
|---|---|
| job | Job, Aufgabe |
| join | dazukommen, sich hinzugesellen |
| journey | Reise |
| just | gerade |

**K**

| | |
|---|---|
| keen on (be ~) | erpicht auf, scharf auf (sein) |
| keep – kept – kept | behalten – behielt – behalten |
| kid | Kind |
| kilometre | Kilometer |
| kind | Art |
| know – knew – known | wissen – wusste – gewusst |

**L**

| | |
|---|---|
| ladies first | Damen zuerst |
| last | letzte/r/s |
| late | spät |
| lately | kürzlich |
| later | später |
| latest | spätestens |
| laugh | lachen |
| life | Leben |
| like | wie; mögen |
| little | klein |
| live | leben |
| local | örtlich, aus der Gegend |
| locality | Gegend, Region |
| long | lang |
| look | sehen |
| look around | sich umsehen |
| look forward to | sich freuen auf |
| lot (a ~ of) | Menge (eine ~ von, viel/e) |
| love | lieben |
| lovely | herrlich |
| lucky (be ~) | glücklich (Glück haben) |
| lunch | Mittagessen |

**M**

| | |
|---|---|
| main | Haupt- |
| mainly | hauptsächlich |
| major | Haupt- |
| make – made – made | machen – machte – gemacht |
| Malaysia | Malaysia |
| man | Mann |
| managing director | Geschäftsführer |
| Manhattan | Manhattan *(alkohol. Mixgetränk)* |
| many | viele |
| market | Markt |
| matter | Sache, Angelegenheit |
| May | Mai |
| maybe | vielleicht |
| me (~ too) | mich, mir (ich auch) |
| mean – meant – meant | meinen, bedeuten – meinte, bedeutete – gemeint, bedeutet |
| Médoc | Médoc *(Weingegend in der Nähe von Bordeaux)* |
| meet – met – met | treffen – traf – getroffen |
| meeting | Besprechung, Sitzung, Tagung |
| mentally | geistig |
| might | könnte |
| Milan | Mailand |
| mild | mild, nicht scharf |
| mind (if you don't ~) | dagegen haben (wenn Sie nichts dagegen haben) |
| mind you | allerdings |
| minute | Minute |
| month | Monat |
| more | mehr |
| morning | Morgen |
| most | meist |
| mother | Mutter |
| mother-in-law | Schwiegermutter |
| much | viel |
| Munich | München |
| must | müssen |
| my | mein |
| myself | ich/mir selbst |

## N

| | |
|---|---|
| name | Name |
| national | national |
| need | brauchen |
| neighbouring | angrenzend, benachbart |
| never | nie, niemals |
| new | neu |
| news | Nachrichten |
| next | nächste/r/s |
| nice | hübsch, nett |
| night | Nacht |
| nine | neun |
| nine-year-old | Neunjährige/r |
| no | nein |
| north | nördlich |
| not | nicht |
| now | jetzt |
| now and then | ab und zu |

## O

| | |
|---|---|
| occasion | Gelegenheit |
| of | von |
| of course | natürlich |
| offer | Angebot |
| office | Büro |
| often | oft, öfters |
| old | alt |
| on | auf, am |
| once | einst, einmal |
| one | ein, eins |
| only | nur |
| opinion | Meinung |
| or | oder |
| other | andere/r/s |
| our | unser |
| out | raus, hinaus |
| outside | draußen |
| over | über, vorbei |

## P

| | |
|---|---|
| parents | Eltern |
| Paris | Paris |
| part | Teil |
| particularly | besonders |
| party | Delegation, Abordnung; Party, Feier |
| past | nach |
| pay | Bezahlung, Lohn; (be)zahlen |
| people | Leute |
| perfectly | vollkommen |
| perhaps | vielleicht |
| pick up | abholen |
| pity | schade |
| place | Ort |
| plan | Plan |
| plane | Flugzeug |
| play | spielen |
| pleasantly | angenehm |
| pleasure | Vergnügen, Freude |
| point | Punkt |
| popular | beliebt |
| Portugal | Portugal |
| prefer | vorziehen, lieber tun |
| pretty | hübsch |
| problem | Problem |
| public | öffentlich |
| put – put – put | setzen, stellen – setzte, stellte – gesetzt, gestellt |
| put someone at ease | jemandem helfen sich zu entspannen |

## Q

| | |
|---|---|
| quite | ziemlich |

## R

| | |
|---|---|
| rail | Eisenbahn |
| raise | zur Sprache bringen, ansprechen |
| rather | eher, lieber |
| read – read – read | lesen – las – gelesen |
| really | wirklich |
| recent | aktuell |
| recommend | empfehlen |
| red | rot |
| refreshing | erfrischend |
| region | Gebiet, Region |
| relatives | Verwandte, Verwandtschaft |
| relaxing | entspannend |
| remember | erinnern |
| retired | pensioniert |
| right | rechts, richtig |

| | |
|---|---|
| right now | genau jetzt |
| right on time | ganz pünktlich |
| room | Zimmer |
| rule (as a ~) | Regel (in der ~) |

**S**

| | |
|---|---|
| sale | Verkauf |
| same | gleich |
| say | sagen |
| school | Schule |
| secretary | Sekretärin |
| see – saw – seen | sehen – sah – gesehen |
| seem | scheinen |
| serious | ernst, ernsthaft |
| session | Sitzung |
| several | mehrere |
| share | Anteil; teilen |
| shared interests | gemeinsame Interessen |
| she | sie |
| short | kurz |
| should | sollte |
| shuttle | Pendelfahrzeug |
| side | Seite |
| similar | ähnlich |
| simple | einfach |
| Singapore | Singapur *(Stadtstaat in Südostasien)* |
| Singapore Sling | Singapore Sling *(alkoholisches Mixgetränk)* |
| sit – sat – sat | sitzen – saß – gesessen |
| small | klein |
| so | so, also |
| so-called | so genannte/r/s |
| software | Software |
| solve | lösen |
| some | einige |
| someone | jemand |
| something | etwas |
| sound (~ like) | Klang; klingen (sich anhören wie) |
| soup | Suppe |
| south | südlich |
| spare time | Freizeit |
| speciality | Spezialität |
| spice | Gewürz |
| spicy | würzig, scharf |
| sport | Sport |
| sportsman | Sportler |
| start | anfangen |
| starter | Vorspeise |
| stay | bleiben |
| still | (immer) noch |
| strike | Streik |
| suggest | vorschlagen |
| suppose | annehmen |
| sure | sicher |

**T**

| | |
|---|---|
| table | Tisch |
| take – took – taken | nehmen – nahm – genommen |
| take off | abheben, starten |
| take (something) up | mit (etwas) anfangen |
| talk | Besprechung, Rede; sprechen, reden |
| teacher | Lehrer/in |
| teach – taught – taught | lehren – lehrte – gelehrt |
| tell – told – told | sagen, erzählen – sagte, erzählte – gesagt, erzählt |
| temperature | Temperatur |
| tennis | Tennis |
| Thai | thailändisch; Thai |
| Thailand | Thailand |
| than | als *(Vergleich)* |
| thank | danken |
| thanks | danke |
| that | der/die/das da/dort, jene/r/s |
| the | der/die/das |
| theatregoing | Theaterbesuch(e) |
| them | Ihnen |
| there | dort |
| these | diese |
| they | sie |
| thing | Ding |
| think – thought – thought | denken – dachte – gedacht |
| this | dies/e/r/s |
| those | diese da/dort, jene |
| three | drei |
| till (= until) | bis |

| | |
|---|---|
| time | Zeit |
| times | Male |
| to | zu, um ... zu |
| today | heute |
| tomorrow | morgen |
| tonight | heute Abend |
| too | auch |
| town | Stadt |
| trade | Handel |
| train | Zug |
| travel | reisen |
| trip | Reise |
| try | versuchen |
| turn nine | neun werden |
| two | zwei |

**U**

| | |
|---|---|
| understand – understood – understood | verstehen – verstand – verstanden |
| unfortunately | leider |
| union | Gewerkschaft |
| unlucky (be ~) | unglücklich (kein Glück haben) |
| up | hoch, hinauf |
| up to | bis |
| us | uns |
| used to (be ~) | (gewohnt sein an) |
| usually | normalerweise |

**V**

| | |
|---|---|
| very | sehr |
| village | Dorf |
| visit | Besuch; besuchen |

**W**

| | |
|---|---|
| wait | warten |
| want | wollen |
| warm | warm |
| watch | beobachten |
| water sports | Wassersport(arten) |
| way | Weg, Art |
| we | wir |
| weather | Wetter |
| weather forecast | Wettervorhersage |
| weather report | Wetterbericht |
| week | Woche |
| weight | Gewicht |
| well | nun, gut |
| what | was |
| when | wann |
| where | wo |
| which | welche/r/s |
| white | weiß |
| who | wer |
| why | warum |
| wife | Ehefrau |
| will | werden |
| wind | Wind |
| windy | windig |
| wine | Wein |
| with | mit |
| without | ohne |
| wonderful | wunderbar |
| work | Arbeit; arbeiten |
| working day | Arbeitstag |
| world | Welt |
| worried | besorgt |
| worry | sich sorgen |
| would | würde |
| wouldn't | würde nicht |

**Y**

| | |
|---|---|
| year | Jahr |
| yes | ja |
| you | du, Sie |
| your | dein, Ihr |
| yourself | du (selbst), dir (selbst) |

# Telefonieren

# Inhalt

# Dialoge und Phrase Banks

## 1 Beginning the call

Der Geschäftsführer einer Firma in Dortmund erhält einen Anruf aus England.
M = Kai Menzel, B = Kathy Burns

| | |
|---|---|
| M Kai Menzel. | *M Kai Menzel.* |
| B Hello, Herr Menzel. Kathy Burns here of NewBlend Software. | *B Hallo, Herr Menzel. Hier spricht Kathy Burns von NewBlend Software.* |
| M Good morning, Ms Burns. Are you calling about the catalogues? | *M Guten Morgen, Ms Burns. Rufen Sie wegen der Kataloge an?* |

Nun zu Ihrer ersten Übung.

## 2 Phrase Bank

| | |
|---|---|
| Kathy Burns here. Good morning. | *Hier ist Kathy Burns. Guten Morgen.* |
| NewBlend Software. John Hadley speaking. | *NewBlend Software. John Hadley am Apparat.* |
| Good morning, Mr Bishop? | *Guten Morgen, Mr Bishop?* |
| Are you calling about the catalogues? | *Rufen Sie wegen der Kataloge an?* |
| Who did you want to speak to? | *Mit wem wollten Sie sprechen?* |

## 3 Getting through

Ein Händler in Großbritannien ruft seinen Zulieferer in Deutschland an.
Finden Sie heraus, warum Mr Radley nicht mit Frau Schäfer sprechen kann.
R = Peter Radley, S = Sekretärin

| | |
|---|---|
| R This is Peter Radley calling from Manchester. I'd like to speak to Frau Schäfer, please. | *R Hier ist Peter Radley. Ich rufe aus Manchester an und möchte gern mit Frau Schäfer sprechen.* |
| S I'm afraid she's on the other line at the moment, Mr Radley. | *S Es tut mir leid, sie telefoniert gerade, Mr Radley.* |
| R Oh. Then, would you put me through to Herr Fischer, please? | *R Oh, würden Sie mich dann bitte mit Herrn Fischer verbinden?* |
| S Right away. | *S Sofort.* |

Warum kann Mr Radley nicht mit Frau Schäfer sprechen?
Sie telefoniert gerade.

## 4 Phrase Bank

| | |
|---|---|
| I'd like to speak to Frau Schäfer, please. | *Ich möchte gern mit Frau Schäfer sprechen.* |
| Would you put me through to Herr Fischer, please? | *Würden Sie mich bitte mit Herrn Fischer verbinden?* |
| May I speak to the person responsible for sales? | *Könnte ich mit dem Verantwortlichen für den Verkauf sprechen?* |
| Could I speak to someone about your delivery charges? | *Könnte ich mit jemandem über Ihre Liefergebühren sprechen?* |

## 5 Asking for someone to call back

Ein Händler in Deutschland ruft seine Partnerfirma in Irland an.
Finden Sie heraus, wie viele Anrufe Herr Reinhard nach diesem Gespräch erwartet.
R = Herr Reinhard, S = Sekretärin

R Hullo. Peter Reinhard here. Could you tell me if Ms Wiseman is back from London yet?

*R Hallo. Hier spricht Peter Reinhard. Könnten Sie mir sagen, ob Ms Wiseman schon aus London zurück ist?*

S Not yet, Herr Reinhard. She should be here about 11 o'clock.

*S Noch nicht, Herr Reinhard. Sie sollte etwa gegen 11 Uhr hier sein.*

R Right. Ask her to call me as soon as possible, please.

*R In Ordnung. Würden Sie sie bitten, mich sobald wie möglich anzurufen?*

S Will do, Herr Reinhard. Oh, and I'm just preparing the estimate you asked for.

*S Wird gemacht, Herr Reinhard. Oh, und ich bereite gerade den Kostenvoranschlag vor, um den Sie gebeten hatten.*

R Good. Would you phone me again when you have it?

*R Gut. Würden Sie mich wieder anrufen, wenn Sie damit fertig sind?*

Wie viele Anrufe erwartet Herr Reinhard nach diesem Gespräch?
Zwei Anrufe.

## 6 Phrase Bank

Ask her to call me as soon as possible, please. — *Würden Sie sie bitten, mich sobald wie möglich anzurufen?*

Would you phone me again when you have it? — *Würden Sie mich wieder anrufen, wenn Sie damit fertig sind?*

Call me back to confirm that, would you, please? — *Würden Sie mich bitte zurückrufen, um es zu bestätigen?*

Could you get back to me later? — *Könnten Sie mich später zurückrufen?*

## 7 Saying you'll call back later

Die Sekretärin der Firma ruft Herrn Reinhard zurück.
Finden Sie heraus, wann sie wieder mit ihm sprechen wird.
S = Sekretärin, R = Peter Reinhard

S Herr Reinhard, we'll have the estimate ready tomorrow. Is that soon enough?

*S Herr Reinhard, der Kostenvoranschlag wird uns morgen vorliegen. Ist das früh genug?*

R Yes, thank you. Leave the information on my answering machine, will you?

*R In Ordnung, danke. Wären Sie bitte so freundlich, die Informationen auf meinen Anrufbeantworter zu sprechen?*

S I certainly will.

*S Ganz bestimmt.*

R And I'll get back to you on Wednesday.

*R Und ich rufe Sie am Mittwoch zurück.*

Wann wird die Sekretärin mit Herrn Reinhard sprechen?
Am Mittwoch.

## 8 Phrase Bank

I'll get back to you on Wednesday. — *Ich rufe Sie am Mittwoch zurück.*
I'll ring you back in the next 20 minutes. — *Ich rufe Sie innerhalb der nächsten 20 Minuten zurück.*
I'll call you back to confirm that. — *Ich rufe Sie zurück, um es zu bestätigen.*
I'll phone you again as soon as possible. — *Ich rufe Sie so bald wie möglich wieder an.*

## 9 Putting the caller through

Kai Menzel ruft eine Firma in Schweden an.
Was wird Kai als Nächstes tun – warten, eine Nachricht hinterlassen oder den Anruf beenden?
M = Kai Menzel, S = Sekretärin

| | |
|---|---|
| M I'd like to speak to Ms Lagerwall, please. | *M Ich möchte bitte Ms Lagerwall sprechen.* |
| S May I ask what it's about? | *S Darf ich fragen, worum es geht?* |
| M I need some advice about your products. | *M Ich brauche einen Rat zu Ihren Produkten.* |
| S I see. And who shall I say is calling? | *S Ich verstehe. Und wen darf ich melden?* |
| M My name is Kai Menzel. Of Menzel & Sohn, Stuttgart. | *M Mein Name ist Kai Menzel. Von Menzel & Sohn, Stuttgart.* |
| S Thank you. Would you hold the line, please, Herr Menzel? | *S Danke. Würden Sie bitte am Apparat bleiben, Herr Menzel?* |
| M Certainly. | *M Natürlich.* |
| S Right. I'll put you through to Ms Lagerwall. I'm transferring you now. | *S Gut. Ich verbinde Sie mit Ms Lagerwall. Ich stelle Sie jetzt durch.* |

Was wird Kai als Nächstes tun – warten, eine Nachricht hinterlassen oder den Anruf beenden?
Er wartet.

## 10 Phrase Bank

May I ask what it's about? — *Darf ich fragen, worum es geht?*
Who shall I say is calling? — *Wen darf ich melden?*
I'll put you through to Ms Lagerwall. — *Ich verbinde Sie mit Ms Lagerwall.*
Would you hold the line, please? — *Würden Sie bitte am Apparat bleiben?*
I'm transferring you now. — *Ich stelle Sie jetzt durch.*

## 11 Asking the speaker to make something clear

Kai Menzel muss nun nach Dänemark anrufen.
Wie oft bittet Kai die Anruferin, zu klären, was sie gesagt hat?
M = Kai Menzel, J = Ms Jensen

| | |
|---|---|
| M ... so could you give me your order now, Ms Jensen? | *M ... so, könnten Sie jetzt Ihre Bestellung aufgeben, Ms Jensen?* |

| | | | |
|---|---|---|---|
| J | Right, we want six units of your A50 model. And would you send them immediately? | *J* | *Gut. Wir möchten sechs Stück Ihrer A50-Modelle. Und würden Sie sie uns umgehend zusenden?* |
| M | Would you give me that information once more, please? I'm afraid I didn't get all of it. | *M* | *Würden Sie mir diese Informationen bitte noch einmal geben? Ich habe leider nicht alles mitbekommen.* |
| J | Ah, wait. No, we want five units of A50. Yes, five A50s. To be sent immediately. | *J* | *Ach, warten Sie! Nein, wir möchten fünf A50er. Ja, fünf A50. Bitte umgehend zuschicken.* |
| M | Would you run that through again, please? That's five units of A50 ... | *M* | *Würden Sie das bitte noch einmal durchgehen? Das wären fünf Stück vom A50er ...* |
| J | To be sent immediately. | *J* | *Ja, bitte umgehend zuschicken.* |

Wie oft bittet Kai Ms Jensen, zu klären, was sie gesagt hat?
Zweimal.

## 12 Phrase Bank

| | |
|---|---|
| Would you give me that information once more, please? | *Würden Sie mir diese Informationen bitte noch einmal geben?* |
| I'm afraid I didn't get all of that. | *Ich habe leider nicht alles mitbekommen.* |
| Would you run that through again, please? | *Würden Sie das bitte noch einmal durchgehen?* |
| Excuse me – did you say six units? | *Entschuldigen Sie – Sie sagten sechs Stück?* |
| I don't quite follow you. | *Ich kann Ihnen nicht ganz folgen.* |

## 13 Checking you've understood the speaker

Frau Schäfer ruft einen Geschäftspartner in Großbritannien an.
Finden Sie heraus, wie viele Fragen sie stellt, um sicherzugehen, dass sie Herrn Rayner richtig verstanden hat.
S = Frau Schäfer, R = Mr Rayner

| | | | |
|---|---|---|---|
| S | So, can you give a presentation at the Trades Fair, Mr Rayner? | *S* | *Können Sie also auf der Handelsmesse eine Präsentation machen, Mr Rayner?* |
| R | Oh, that's on. That's definitely on. | *R* | *Oh, das mache ich! Ganz klar, das mache ich.* |
| S | Did I understand you correctly? You mean you can give a presentation. | *S* | *Habe ich Sie richtig verstanden? Sie meinen, dass Sie eine Präsentation machen können?* |
| R | Yes – provided my MD agrees. | *R* | *Ja, vorausgesetzt, mein MD ist einverstanden.* |
| S | By MD, do you mean your managing director? | *S* | *Meinen Sie mit MD Ihren Geschäftsführer?* |
| R | Right. But I'd have to insist on travel costs. | *R* | *Genau. Aber die Reisekosten, müssten erstattet werden.* |
| S | Travel costs, you said? | *S* | *Die Reisekosten, sagten Sie?* |
| R | Yes. I can give a presentation if you're willing to pay my travel costs. | *R* | *Ja. Ich kann eine Präsentation machen, wenn Sie meine Reisekosten erstatten.* |

S Right. Let me read that back to check that I've got it all.

*S Gut. Lassen Sie mich das noch einmal wiederholen, um sicherzugehen, dass ich alles verstanden habe.*

Wie viele Fragen stellt Frau Schäfer, um sicherzugehen, dass sie alles richtig verstanden hat?
Drei.

## 14 Phrase Bank

Did I understand you correctly? — *Habe ich Sie richtig verstanden?*
You mean you can give a presentation. — *Sie meinen, dass Sie eine Präsentation machen können?*

By MD, do you mean your managing director? — *Meinen Sie mit MD Ihren Geschäftsführer?*
Travel costs, you said? — *Die Reisekosten sagten Sie?*
Let me read that back to check that I've got it all. — *Lassen Sie mich das noch einmal wiederholen, um sicherzugehen, dass ich alles verstanden habe.*

## 15 Making sure the speaker has understood you

Mr Radley möchte bei Frau Schäfers Firma eine Bestellung aufgeben.
Wie geht er vor, um besser verstanden zu werden?
R = Mr Radley, S = Sekretärin

R Would you tell Frau Schäfer, please, that we'll order the power model.
S Er ... Frau Schäfer ...
R I'll be happy to repeat that, if you like.
S Yes. Yes, would you, please?

R OK. Please tell Frau Schäfer we'll order the power model.
S The power model.
R But only if you can deliver this month. Would you run that back to me, please?

S OK. You'll order the power model if we can deliver next month.

R No, no – if you can deliver this month.

S Ah, right. You'll order the power model, if we can deliver this month. Very well, Mr Radley, I'll pass that on to Frau Schäfer.

*R Würden Sie Frau Schäfer bitte ausrichten, dass wir das Power-Modell bestellen werden?*
*S Äh ... Frau Schäfer ...*
*R Ich wiederhole das gerne noch einmal, wenn Sie möchten.*
*S Ja. Ja, wenn Sie bitte so freundlich wären.*
*R Gut. Sagen Sie Frau Schäfer bitte, dass wir das Power-Modell bestellen werden.*
*S Das Power-Modell.*
*R Aber nur, wenn Sie diesen Monat liefern können. Würden Sie das noch einmal für mich wiederholen?*
*S In Ordnung: Sie werden das Power-Modell bestellen, wenn wir nächsten Monat liefern können.*
*R Nein, nein. Wenn Sie diesen Monat liefern können.*
*S In Ordnung. Sie bestellen das Power-Modell, wenn wir diesen Monat liefern können. Gut, Mr Radley, ich richte es Frau Schäfer aus.*

Wie geht er vor, um besser verstanden zu werden?
Er bittet seinen Gesprächspartner, die Informationen zu wiederholen.

## 16 Phrase Bank

| | |
|---|---|
| Have you got all that? | *Haben Sie das alles (aufgenommen)?* |
| Is there anything you didn't understand? | *Haben Sie etwas nicht verstanden?* |
| I'll be happy to repeat that, if you like. | *Ich wiederhole das gern, wenn Sie möchten.* |
| Would you like me to explain that again? | *Möchten Sie, dass ich das noch einmal erkläre?* |
| Would you like me to slow down? | *Möchten Sie, dass ich etwas langsamer spreche?* |
| Would you like me to speak a little louder? | *Möchten Sie, dass ich etwas lauter spreche?* |
| Would you run that back to me, please? | *Würden Sie das noch einmal für mich wiederholen?* |

## 17 Dealing with typical mobile phone problems

Mr Rayner hat sich zu seinem Termin mit Frau Schäfer verspätet. Er ruft sie mit seinem Handy an. Finden Sie heraus, wessen Handy das Problem verursacht hat – das von Mr Rayner oder das von Frau Schäfer.
S = Frau Schäfer, R = Mr Rayner

| | |
|---|---|
| S Hallo? | *S Hallo?* |
| R Frau Schäfer? Are you hearing me? | *R Frau Schäfer? Können Sie mich hören?* |
| S Mr Rayner? | *S Mr Rayner?* |
| R Yes. I'm sorry you've been waiting, Frau Schäfer. You're still at the station, are you? | *R Ja. Es tut mir leid, dass Sie warten mussten, Frau Schäfer. Sind Sie denn noch am Bahnhof?* |
| S Yes, but where are you? | *S Ja, aber wo sind Sie?* |
| R I'm afraid I was delayed and had to take a later train. | *R Ich wurde leider aufgehalten und musste einen späteren Zug nehmen.* |
| S I see. I've been dialling your number ... | *S Ich verstehe. Ich habe Ihre Nummer gewählt ...* |
| R I'm afraid I got some interference there, Frau Schäfer. Would you repeat that, please? | *R Mein Empfang ist leider gestört, Frau Schäfer. Könnten Sie das noch einmal wiederholen?* |
| S I said I've been dialling your number, but I couldn't get a connection. | *S Ich sagte, ich habe Ihre Nummer gewählt, aber ich konnte keine Verbindung bekommen.* |
| R I suppose my train was out of cell phone range. | *R Ich nehme an, dass mein Zug sich außerhalb des Empfangsbereichs befand.* |
| S No, it was probably my cell phone. Unfortunately, I get almost zero signal when I'm surrounded by high-rise buildings. | *S Nein, es war wahrscheinlich mein Handy. Ich habe leider so gut wie keinen Empfang, wenn ich von Hochhäusern umgeben bin.* |

Wessen Handy hat das Problem verursacht – das von Mr Rayner oder das von Frau Schäfer?
Das von Frau Schäfer.

## 18 Phrase Bank

| | |
|---|---|
| Are you hearing me? | *Können Sie mich hören?* |
| I'm afraid I got some interference there. | *Mein Empfang ist leider gestört.* |
| I've been dialling your number, but I couldn't get a connection. | *Ich habe Ihre Nummer gewählt, aber ich konnte keine Verbindung bekommen.* |

My train was out of cell phone range. — *Mein Zug befand sich außerhalb des (Mobilfunk-) Empfangsbereichs.*

Unfortunately, I get almost zero signal when I'm indoors. — *Ich habe leider so gut wie keinen Empfang, wenn ich im Haus bin.*

Sorry, I'm getting some spotty coverage. — *Tut mir leid, ich habe einen etwas ungleichmäßigen Empfang.*

The service drops off altogether in a subway. — *Der Empfang bricht in der U-Bahn vollständig zusammen.*

## 19 Ending a call

Kai Menzel beendet gerade sein Gepräch mit Ms Lagerwall aus Schweden.
Wer verspricht, wieder anzurufen – Kai Menzel oder Ms Lagerwall?
M = Kai Menzel, L = Ms Lagerwall

| | |
|---|---|
| M Right. Well, you'll get those samples very soon, Ms Lagerwall. | *M In Ordnung. Sie werden diese Muster sehr bald erhalten, Ms Lagerwall.* |
| L Good. | *L Gut.* |
| M Do call me again if I can be of any help. | *M Rufen Sie mich wieder an, falls ich Ihnen irgendwie behilflich sein kann.* |
| L Thank you, Herr Menzel. You'll be hearing from me very soon. | *L Danke, Herr Menzel. Sie hören sehr bald wieder von mir.* |
| M I'm looking forward to doing business with you. Goodbye for now, Ms Lagerwall. | *M Ich freue mich darauf, mit Ihnen ins Geschäft zu kommen. Bis bald, Ms Lagerwall!* |
| L Goodbye. | *L Auf Wiederhören.* |

Wer verspricht, wieder anzurufen – Kai Menzel oder Ms Lagerwall?
Ms Lagerwall.

## 20 Phrase Bank

| | |
|---|---|
| Do call me again if I can be of any help. | Rufen Sie mich bitte wieder an, falls ich Ihnen irgendwie behilflich sein kann. |
| I'm looking forward to doing business with you. | Ich freue mich mit Ihnen ins Geschäft zu kommen. |
| Feel free to contact me at any time. | Rufen Sie mich ruhig jederzeit an. |
| You'll be hearing from me very soon. | Sie hören sehr bald wieder von mir. |
| I'll call you again. | Ich rufe Sie wieder an. |
| Thank you for calling. | Vielen Dank für Ihren Anruf. |
| Goodbye for now. | Bis bald. |

## 21 Recording a mailbox or answerphone greeting

Als Frau Schäfer Mr Radley zurückruft, hört sie auf seinem Anrufbeantworter folgende Ansage.
Finden Sie heraus, ob Mr Radley sie zurückrufen wird oder ob Frau Schäfer später noch einmal anrufen soll.

R = Bill Radley

R This is Bill Radley of Heartland Motors. Thank you for your call. Please leave a message, and your name and phone number. I'll get back to you as soon as possible.

*R Hier spricht Bill Radley von Heartland Motors. Vielen Dank für Ihren Anruf. Bitte hinterlassen Sie eine Nachricht, Ihren Namen und Ihre Telefonnummer. Ich rufe Sie so bald wie möglich zurück.*

Wird Mr Radley sie zurückrufen oder soll Frau Schäfer später noch einmal anrufen?
Mr Radley wird zurückrufen.

## 22 Phrase Bank

| | |
|---|---|
| This is Bill Radley of Heartland Motors. | *Hier spricht Bill Radley von Heartland Motors.* |
| Thank you for your call. | *Vielen Dank für Ihren Anruf.* |
| Please leave a message, and your name and phone number. | *Bitte hinterlassen Sie eine Nachricht, Ihren Namen und Ihre Telefonnummer.* |
| I'll get back to you as soon as possible. | *Ich rufe Sie so bald wie möglich zurück.* |

## 23 Leaving a mailbox or answerphone message

Frau Schäfer hinterlässt eine Nachricht für Mr Radley auf seinem Anrufbeantworter.
Bittet Frau Schäfer Mr Radley um eine telefonische oder um eine schriftliche Bestellbestätigung?
S = Frau Schäfer

S This is Schäfer of Schäfer & Pallinger. Thank you for your message, Mr Radley. I'm sorry I couldn't get through to you directly. This is to tell you we will deliver our power model to you this week. But could I ask you to confirm your order by email, please? You have our email address. Thank you again. And goodbye for now.

*S Hier spricht Frau Schäfer von Schäfer & Pallinger. Vielen Dank für Ihre Nachricht, Mr Radley. Es tut mir leid, dass ich Sie nicht persönlich erreicht habe. Ich rufe an, um Ihnen zu sagen, dass wir Ihnen unser Power-Modell diese Woche liefern werden. Aber dürfte ich Sie bitten, Ihre Bestellung per E-Mail zu bestätigen? Unsere E-Mail-Adresse haben Sie schon. Nochmals vielen Dank. Bis bald!*

Bittet Frau Schäfer Mr Radley um eine telefonische oder um eine schriftliche Bestellbestätigung?
Um eine schriftliche Bestellbestätigung (per E-Mail).

## 24 Phrase Bank

I'm sorry I couldn't get through to you directly.

This is to tell you we will deliver our power model.
You have our email address.
My phone number is 52671.
Goodbye for now.

*Es tut mir leid, dass ich Sie nicht persönlich erreicht habe.*

*Ich rufe an, um Ihnen zu sagen, dass wir unser Power-Modell liefern werden.*
*Unsere E-Mail-Adresse haben Sie schon.*
*Meine Telefonnummer ist 52671.*
*Bis bald!*

## 25 The telephone alphabet

Können Sie Ihren Namen auf Englisch buchstabieren? Oder die Adresse Ihrer Website oder Ihre E-Mail-Adresse? Hören Sie, wie ein deutscher Geschäftsmann seinen Namen buchstabiert. Finden Sie seinen Namen heraus.
G = Geschäftsmann

G That's M for Mary, I for Isaac, double T for Tommy, E for Edward, R for Robert, M for Mary, E for Edward, I for Isaac, E for Edward and R for Robert.

G *M wie Mary, I wie Isaac, zweimal T wie Tommy, E wie Edward, R wie Robert, M wie Mary, E wie Edward, I wie Isaac, E wie Edward and R wie Robert.*

Wie lautet also der Name des Sprechers?
Mittermeier.

## 26 Phrase Bank

| | | | |
|---|---|---|---|
| A for Andrew | B for Benjamin | C for Charlie | D for David |
| E for Edward | F for Frederick | G for George | H for Harry |
| I for Isaac | J for Jack | K for King | L for Lucy |
| M for Mary | N for Nellie | O for Oliver | P for Peter |
| Q for Queenie | R for Robert | S for Sugar | T for Tommy |
| U for Uncle | V for Victory | W for William | X for X-Ray |
| Y for Yellow | Z for Zebra | | |

## 27 Giving phone number, email and website address

Herr Mittermeier hatte mit Signor Crespi, einem potentiellen Zulieferer aus Italien, gesprochen.
Was genau buchstabiert Herr Mittermeier: Seine Website, die Postanschrift oder die E-Mail-Adresse?
C = Signor Crespi, M = Herr Mittermeier

C May I have your phone number, Herr Mittermeier?
M Ah, yes. That's Germany nine – double one – five – double – six – three – five – two.

C *Könnte ich Ihre Telefonnummer haben, Herr Mittermeier?*
M *Ah, ja. Das ist in Deutschland – neun – eins – eins – fünf – sechs – sechs – drei – fünf – zwei. (911 – 566 – 352).*

C Germany nine – double one – five – double – six – three – five – two.

M And you can visit our website at www.softblend.de. That's w-w-w dot s-o-f-t-b-l-e-n-d dot d-e. And you'll find our postal address there too.

C Right. Er, Herr Mittermeier, about those special prices ...

M Ah, yes. Could you email them to me, please? Send them to mittermeier@softblend.de. That's m-i-t-t-e-r-m-e-i-e-r-@-s-o-f-t-b-l-e-n-d-dot-d-e.

*C Deutschland neun – eins – eins – fünf – sechs – sechs – drei – fünf – zwei.*

*M Und Sie können unsere Website besuchen unter www.softblend.de. Das ist w-w-w Punkt s-o-f-t-b-l-e-n-d Punkt d-e. Und dort finden Sie auch unsere Postanschrift.*

*C In Ordnung. Äh, Herr Mittermeier, wegen dieser Sonderpreise ...*

*M Ah, ja. Könnten Sie sie mir per E-Mail zukommen lassen? Schicken Sie sie an mittermeier@softblend.de. Das ist m-i-t-t-e-r-m-e-i-e-r-@-s-o-f-t-b-l-e-n-d-Punkt-d-e.*

Was genau buchstabiert Herr Mittermeier: Seine Website, die Postanschrift oder die E-Mail-Adresse?
Die Website und die E-Mail-Adresse.

## 28 Phrase Bank

May I have your phone number?
I'll give you my mobile number.
The country code for Germany is four – nine.
My extension is one – five – two.
My email address is mittermeier@softblend.de.
You can visit us at www.softblend.de.
That's w-w-w dot s-o-f-t-b-l-e-n-d dot d-e.
My name is Rank-Thelen ... with a hyphen!

*Könnte ich Ihre Telefonnummer haben?*
*Ich gebe Ihnen meine Handynummer.*
*Die Ländervorwahl für Deutschland ist vier – neun.*
*Meine Durchwahl ist eins – fünf – zwei.*
*Meine E-Mail-Adresse ist mittermeier@softblend.de.*
*Sie können uns unter www.softblend.de besuchen.*
*Das ist w-w-w Punkt s-o-f-t-b-l-e-n-d Punkt d-e.*
*Mein Name ist Rank-Thelen ... mit Bindestrich!*

# Dialoge mit Rollenspielen

Nehmen Sie nun selbst an Gesprächen teil! Sie können dabei die eben gelernten Ausdrücke und Redewendungen verwenden. Ein englischer Sprecher gibt Ihnen jeweils an, was Sie sagen sollen. Sprechen Sie direkt nach dem Signalton. Im Anschluss folgt eine mögliche Lösung, die Sie mit Ihrer vergleichen können.

## 29+30 Beginning the call & Getting through

Sie sind Elena Schweizer und arbeiten für eine Möbelfirma in Berlin. Sie rufen einen Kunden in Italien an.
R = Signora Romanelli, S = Elena Schweizer

R Pronto?
*(Greet him. Introduce yourself. You're with Möbel Schweizer, Berlin. You are Elena Schweizer.)*
S Good morning, Signor Romanelli. Möbel Schweizer Berlin here. Elena Schweizer speaking.
R Good morning, Frau Schweizer. What can I do for you?
*(You'd like to speak to Signora Carerra.)*
S I'd like to speak to Signora Carerra, please.
R I'm afraid Signora Carerra isn't in today. Are you calling about your order?
*(No, you have some questions about delivery.)*
S No, I have some questions about delivery.
R About delivery.
*(Yes, you want to speak to someone in their delivery department.)*
S Yes. Could I speak to someone in your delivery department?
R If it's about delivery costs, you could speak to Signor Giovanni. If it's about transport, it would be Signora Sicoli.

*(Ask him to put you through to Signor Giovanni.)*
S Right. Would you put me through to Signor Giovanni, please?

*R Pronto?*
*(Begrüßen Sie ihn. Stellen Sie sich vor. Sie arbeiten für Möbel Schweizer Berlin. Sie sind Elena Schweizer.)*
*S Guten Morgen, Signor Romanelli. Hier ist Möbel Schweizer Berlin. Elena Schweizer am Apparat.*
*R Guten Morgen, Frau Schweizer. Was kann ich für Sie tun?*
*(Sie möchten Signora Carerra sprechen.)*
*S Ich möchte bitte mit Signora Carerra sprechen.*
*R Signora Carerra ist heute leider nicht da. Rufen Sie wegen der Bestellung an?*
*(Nein, Sie haben einige Fragen wegen der Lieferung.)*
*S Nein, ich habe einige Fragen wegen der Lieferung.*
*R Wegen der Lieferung.*
*(Ja. Sie möchten jemanden aus der Auslieferungsabteilung sprechen.)*
*S Ja. Könnte ich jemanden aus Ihrer Auslieferungsabteilung sprechen?*
*R Wenn es um die Auslieferungskosten geht, könnten Sie mit Signor Giovanni sprechen. Wenn es um Transportfragen geht, käme Signora Sicoli in Frage.*
*(Bitten Sie ihn, Sie mit Signor Giovanni zu verbinden.)*
*S Gut. Würden Sie mich bitte mit Signor Giovanni verbinden?*

## 31+32 Asking for someone to call back & Saying you'll call back later

Sie sind Herr Langer aus Hamburg und rufen einen Kunden in Irland an.
S = Sekretärin, L = Herr Langer

S Good morning. Cork Engineeering.

*(Greet her. Introduce yourself and ask to speak to Mr Daniel Bryan.)*

L Good morning. Langer here, calling from Hamburg. I'd like to speak to Mr Daniel Bryan, please.

S Ah, Mr Bryan's at a conference right now, Herr Langer.

*(Request that she asks him to call you as soon as possible.)*

L Would you ask him to call me as soon as possible, please.

S I certainly will. Er, Herr Langer, about next week's meeting. Will an 8.30 start be OK?

*(You think so. But you'll have to call her back to confirm that.)*

L I think so. But I'll have to call back to confirm that.

S When will you be able to do that, please? You see, I have to tell the others.

*(You'll ring her back in the next hour. Ask if that is all right.)*

L I'll ring you back in the next hour. Is that all right?

S That's fine.

*S Guten Morgen. Cork Engineeering.*

*(Begrüßen Sie sie. Stellen Sie sich vor und bitten Sie darum, mit Mr Daniel Bryan sprechen zu können.)*

*L Guten Morgen. Hier ist Langer – ich rufe aus Hamburg an. Ich möchte bitte mit Mr Daniel Bryan sprechen.*

*S Ah, Mr Bryan ist gerade in einer Besprechung, Herr Langer.*

*(Bitten Sie sie, dass er Sie so bald wie möglich anruft.)*

*L Würden Sie ihn bitten, mich so bald wie möglich anzurufen?*

*S Natürlich. Äh, Mr Langer, wegen des Treffens in der nächsten Woche. Ist es in Ordnung, wenn wir um 8.30 Uhr beginnen?*

*(Sie glauben ja. Aber Sie rufen zurück, um es zu bestätigen.)*

*L Ich glaube ja. Aber ich werde Sie zurückrufen, um es zu bestätigen.*

*S Wann werden Sie das tun können? Ich muss nämlich den anderen Bescheid geben.*

*(Sie werden sie innerhalb der nächsten Stunde zurückrufen. Fragen Sie, ob das in Ordnung sei.)*

*L Ich werde Sie innerhalb der nächsten Stunde zurückrufen. Ist das in Ordnung?*

*S Das ist prima.*

## 33+34 Putting the caller through & Asking the speaker to make something clear

Sie sind Karin Ullrich von Diedrich & Co. Sie erhalten zwei Anrufe aus dem Ausland.
U = Karin Ullrich, S = Bob Shepherd, J = Hille Jakob

U Diedrich & Co. Karin Ullrich speaking.

S Good afternoon, Bob Shepherd of Langley Printers. Could I speak to Ms Wittmann, please?

*(Ask him what it's about.)*

U May I ask what it's about, Mr Shepherd?

S It's about a talk we had in Dortmund last month.

*(Tell him you'll put him through to Ms Wittmann.)*

*U Diedrich & Co. Karin Ullrich am Apparat.*

*S Guten Tag. Bob Shepherd von Langley Printers. Könnte ich bitte mit Ms Wittmann sprechen?*

*(Fragen Sie ihn, worum es geht.)*

*U Darf ich fragen, worum es geht, Mr Shepherd?*

*S Es geht um ein Gespräch, das wir letzten Monat in Dortmund geführt hatten.*

*(Sagen Sie ihm, dass Sie ihn mit Ms Wittmann verbinden.)*

U Right, Mr Shepherd. I'll put you through to Ms Wittmann.
S Thank you.
*(Tell him you're transferring him now.)*
U I'm transferring you now.
*(Introduce yourself: Diedrich & Co., Karin Ullrich.)*
U Diedrich & Co. Karin Ullrich speaking.
J Good afternoon, Hille Jakob here. Calling from Denmark.
*(Greet her.)*
U Hullo, Ms Jakob.
J Frau Ullrich, I'm calling to tell you we'll have special prices this Christmas.
*(Ask her to give you that information once more.)*
U Would you give me that information once more, please?
J I said: we'll have special prices this Christmas. 5% off.
(Check that she said 5%.)
U Excuse me – did you say 5%?
J Yes, 5% off all goods ordered by the 15th of December.
*(Ask her to run that through again.)*
U Would you run that through again, please?

*U Gut, Mr Shepherd. Ich verbinde Sie mit Ms Wittmann.*
*S Danke.*
*(Sagen Sie ihm, dass Sie ihn jetzt durchstellen.)*
*U Ich stelle Sie jetzt duch.*
*(Stellen Sie sich vor: Diedrich & Co., Karin Ullrich.)*
*U Diedrich & Co. Karin Ullrich am Apparat.*
*J Guten Tag. Hier ist Hille Jakob. Ich rufe aus Dänemark an.*
*(Begrüßen Sie sie.)*
*U Hallo, Ms Jakob.*
*J Frau Ullrich, ich rufe an, um Ihnen zu sagen, dass wir diese Weihnachten Sonderpreise haben.*
*(Bitten Sie sie, Ihnen diese Informationen noch einmal zu geben.)*
*U Würden Sie mir diese Informationen bitte noch einmal geben?*
*J Ich sagte, dass wir diese Weihnachten Sonderpreise haben: 5% Rabatt.*
*(Fragen Sie noch einmal nach, ob sie 5% gesagt hat.)*
*U Entschuldigen Sie – sagten Sie 5%?*
*J Ja, 5% Rabatt auf alle Waren, die bis zum 15. Dezember bestellt werden.*
*(Bitten Sie sie, das noch einmal durchzugehen.)*
*U Würden Sie das bitte noch einmal durchgehen?*

## 35+36 Checking you've understood the speaker & Making sure the speaker has understood you

Sie arbeiten für eine Firma in München. Sie haben einen Anruf von einer Geschäftsfrau aus Irland erhalten.
G = Geschäftsfrau, F = Firmenvertreterin

G ... and I met one of your representatives at the InterTrade.
*(Check that she said the InterTrade.)*
F The InterTrade, you said?
G Yes, the InterTrade Fair in Dublin. Last month.
*(So she met your representative Frau Horn.)*
F Ah, so you met our representative Frau Horn.

*G ... und ich habe einen Ihrer Vertreter auf der InterTrade kennen gelernt.*
*(Fragen Sie nach, ob sie InterTrade gesagt hat.)*
*F Sagten Sie InterTrade?*
*G Ja, die InterTrade Messe in Dublin. Letzten Monat.*
*(Dann hat sie also Ihre Vertreterin Frau Horn kennen gelernt.)*
*F Ah, dann haben Sie also unsere Vertreterin Frau Horn kennen gelernt.*

G Ah yes, Frau Horn. And she asked me to contact you when I'm in Munich.

*(Does she mean she's in Munich now?)*

F You mean you're in Munich now?

G No, I'll be there on the 13th. And I'd like to meet your sales manager.

*(Check that you understood her correctly. Does she want to meet your sales manager, not Frau Horn?)*

F Did I understand you correctly? You want to meet our sales manager, not Frau Horn?

G Yes, Frau Horn said I should discuss a supply contract with him.

*(You want to read it back to check that you've got it all.)*

F Let me read that back to check that I've got it all.

G Right.

*(She wants to discuss a supply contract with the sales manager on the 13th.)*

F You want to discuss a supply contract with the sales manager on the 13th.

G That's right.

*(Suggest 2 o'clock in the conference room. Ask if she can make it.)*

F OK. I suggest 2 o'clock in the conference room. Can you make it?

G Er ... the conference room.

*(Check that she's got all that. Offer to repeat it.)*

F Have you got all that? I'll be happy to repeat that, if you like.

*G Ah ja, Frau Horn. Und sie hat mich gebeten, mich mit Ihnen in Verbindung zu setzen, wenn ich in München bin.*

*(Bedeutet das, dass sie jetzt in München ist?)*

*F Sind Sie denn jetzt in München?*

*G Nein, ich werde am 13. dort sein. Und ich würde mich gerne mit Ihrem Verkaufsleiter treffen.*

*(Fragen Sie nach, ob Sie sie richtig verstanden haben. Möchte sie Ihren Verkaufsleiter treffen und nicht Frau Horn?)*

*F Habe ich Sie richtig verstanden? Sie möchten sich mit unsererm Verkaufsleiter treffen, nicht mit Frau Horn?*

*G Ja, Frau Horn sagte, ich sollte mit ihm über einen Zulieferervertrag sprechen.*

*(Sie wollen es noch einmal wiederholen, um sicher zu gehen, dass Sie alles haben.)*

*F Lassen Sie mich das noch einmal wiederholen, um sicherzugehen, dass ich alles habe.*

*G In Ordnung.*

*(Sie möchte am 13. mit dem Verkaufsleiter über einen Zulieferervertrag sprechen.)*

*F Sie möchten am 13. mit unserem Verkaufsleiter über einen Zulieferervertrag sprechen.*

*G Das ist richtig.*

*(Schlagen Sie um 2 Uhr im Konferenzzimmer vor. Fragen Sie sie, ob sie es einrichten kann.)*

*F In Ordnung. Ich schlage vor, um 2 Uhr im Konferenzzimmer. Können Sie das einrichten?*

*G Äh, ... im Konferenzzimmer ...*

*(Überprüfen Sie, dass sie das alles verstanden hat. Bieten Sie an, es zu wiederholen.)*

*F Haben Sie das alles verstanden? Ich wiederhole es gerne noch einmal, wenn Sie möchten.*

## 37+38 Dealing with typical mobile phone problems & Ending a call

Eine deutsche Sportwarenhändlerin versucht, ihren Zulieferer in Spanien mit dem Handy anzurufen.
C = Senor Costa, S = Olivia Steube

C Diga!

*(Greet Senor Costa. Introduce yourself: Olivia Steube. Ask if he's hearing you.)*

S Hello, Senor Costa? Olivia Steube here. Are you hearing me?

*C Hallo!*

*(Begrüßen Sie Senor Costa. Stellen Sie sich vor. Olivia Steube. Fragen Sie ihn, ob er Sie hören kann.)*

*S Hallo, Senor Costa? Hier ist Olivia Steube. Können Sie mich hören?*

C Ah yes, Frau Steube. What can I do for you?

*(Tell him you've been dialling his number, but you couldn't get a connection.)*

S I've been dialling your number, but I couldn't get a connection.

C Well, you're through now.

*(You'd like to order a dozen type sixteen eighty-nine.)*

S Right. I'd like to order a dozen type sixteen eighty-nine.

C A dozen type sixteen eighty-nine. I'll send them immediately.

*(You didn't quite catch that. The service drops off altogether in a subway.)*

S I didn't quite catch that. The service drops off altogether in a subway.

C I said I'll send those sixteen eighty-nines immediately.

*(Check that you can leave it in his hands.)*

S I can leave it in your hands then?

C You certainly can.

*(Thank him and tell him he'll be hearing from you soon.)*

S Thank you, Senor Costa. You'll be hearing from me again soon.

C I'm looking forward to it, Frau Steube. Thank you for calling.

*(End the call.)*

S Goodbye for now.

*C Ah, ja, Frau Steube. Was kann ich für Sie tun?*

*(Sagen Sie, dass Sie seine Nummer gewählt haben, aber keine Verbindung bekommen konnten.)*

*S Ich habe Ihre Nummer gewählt, aber ich bin nicht durchgekommen.*

*C Nun, jetzt sind Sie ja durchgekommen.*

*(Sie möchten ein Dutzend (Stück) vom Typ 16–89 bestellen.)*

*S Gut, ich würde gerne ein Dutzend vom Typ 16–89 bestellen.*

*C Ein Dutzend vom Typ 16–89. Ich schicke sie Ihnen sofort zu.*

*(Sie haben das nicht ganz verstanden. Der Empfang bricht in der U-Bahn völlig zusammen.)*

*S Ich habe das nicht ganz verstanden. Der Empfang bricht in der U-Bahn völlig zusammen.*

*C Ich sagte, ich schicke Ihnen diese 16-89er sofort zu.*

*(Fragen Sie nach, ob sie das ihm überlassen können.)*

*S Dann kann ich das Ihnen überlassen?*

*C Natürlich.*

*(Danken Sie ihm und sagen Sie ihm, dass er bald wieder von Ihnen hören wird.)*

*S Vielen Dank, Senor Costa. Sie hören bald wieder von mir.*

*C Ich freue mich (auf Ihren nächsten Anruf), Frau Steube. Vielen Dank für Ihren Anruf.*

*(Beenden Sie das Gespräch.)*

*S Bis bald!*

## 39+40 Recording a mailbox or answerphone greeting & Leaving a mailbox or answerphone message

Ihre Firma, die in Deutschland ihren Sitz hat, produziert Werkzeuge für Gartenarbeiten. Hören Sie diese Nachricht auf Ihrem Anrufbeantworter.

R = Janet Rush, L = Peter Lipphardt

R Good morning. Kirby Home and Garden here. We've seen your power clippers on your website catalogue. I'd like to know your terms of payment. Could you call me back, please? On 0284-755648. That's a UK number. Oh, and my name's Janet Rush. Thank you – goodbye for now.

*R Guten Morgen. Hier ist Kirby Home and Garden. Wir haben im Katalog auf Ihrer Webseite Ihre Power-Heckenschere gesehen. Ich würde gerne Ihre Zahlungsbedingungen wissen. Könnten Sie mich bitte zurückrufen? Unter 0284-755648. Das ist eine Nummer im Vereinigten Königreich. Oh, und mein Name ist Janet Rush. Danke und bis bald.*

Sie versuchen mehrmals, Mrs Rush anzurufen, aber ohne Erfolg. Schließlich werden Sie mit ihrem Anrufbeantworter verbunden. Übernehmen Sie die Rolle von Peter Lipphardt, dem deutschen Anrufer.

R Janet Rush of Kirby Home and Garden. Thank you for your call. Please leave a message, and your name and phone number. I'll get back to you as soon as possible.

*(Greet her and introduce yourself: Peter Lipphardt of Lipphardt und Söhne.)*

L Hullo, Ms Rush. This is Peter Lipphardt of Lipphardt und Söhne here.

*(Apologise for not getting through to her directly. Her line was always engaged.)*

L I'm sorry I couldn't get through to you directly, but your line was always engaged.

*(Say you're very pleased to hear of her interest.)*

L I'm very pleased to hear of your interest.

*(She asked for your terms of payment – from first-time customers, you normally require payment in advance.)*

L You asked about our terms of payment. Well, from first-time customers, we normally require payment in advance.

*(She'd get an introductory discount of 5% on her first order.)*

L You'd get an introductory discount of 5% on your first order.

*(Express the hope that this information is helpful.)*

L Well, I hope that this information's helpful, Ms Rush.

*(Tell her that, should she want to contact you, you'll be available all day.)*

L Should you want to contact me, I'll be available all day.

*(She has your number, but remind her: Germany 5621 – 5566.)*

L You have my number, don't you? Germany 5-6-2-1 double-5 double-6.

*(Thank her again for her call, express the hope that you'll do business together, and end the call.)*

L So, thanks again for your call, I hope we'll do business together – and goodbye for now.

*R Janet Rush von Kirby Home and Garden. Vielen Dank für Ihren Anruf. Bitte hinterlassen Sie eine Nachricht, Ihren Namen und Ihre Telefonnummer. Ich rufe Sie so bald wie möglich zurück.*

*(Begrüßen Sie sie und stellen Sie sich vor: Peter Lipphardt von Lipphardt und Söhne.)*

*L Hallo, Ms Rush. Hier ist Peter Lipphardt von Lipphardt und Söhne.*

*(Entschuldigen Sie sich, dass Sie sie nicht persönlich erreicht haben. Ihr Anschluss war immer besetzt.)*

*L Es tut mir leid, dass ich Sie nicht (persönlich) erreicht habe, aber Ihr Anschluss war immer besetzt.*

*(Sagen Sie, dass Sie sich über ihr Interesse freuen.)*

*L Ich freue mich über Ihr Interesse.*

*(Sie fragte Sie nach Ihren Zahlungsbedingungen – von Neukunden verlangen Sie normalerweise eine Vorauszahlung.)*

*L Sie fragten nach unseren Zahlungsbedingungen. Von Neukunden verlangen wir normalerweise eine Vorauszahlung.*

*(Sie bekäme einen Einführungsrabatt von 5% auf ihre erste Bestellung.)*

*L Sie bekämen einen Einführungsrabatt von 5% auf Ihre erste Bestellung.*

*(Drücken Sie die Hoffnung aus, dass ihr diese Informationen helfen.)*

*L Ich hoffe, dass diese Informationen für Sie hilfreich sind, Ms Rush.*

*(Sagen Sie ihr, dass Sie den ganzen Tag erreichbar sind, wenn Sie sie erreichen möchte.)*

*L Ich bin den ganzen Tag erreichbar, falls Sie mich anrufen möchten.*

*(Sie hat Ihre Telefonnummmer, aber erinnern Sie sie: Deutschland 5621 – 5566.)*

*L Sie haben meine Telefonnummer, nicht wahr? Deutschland 5-6-2-1 5-5-6-6.*

*(Danken Sie ihr noch einmal für den Anruf, drücken Sie die Hoffnung aus, ins Geschäft zu kommen und beenden Sie das Gespräch.)*

*L So vielen Dank noch einmal für Ihren Anruf. Ich hoffe, wir kommen ins Geschäft – bis bald!*

## 41+42 The telephone alphabet & Giving numbers and addresses

Schlüpfen Sie wieder in die Rolle von Peter Lipphardt. Heute Morgen rufen Sie ein Hotel in Holland an.
R = Rezeption, L = Peter Lipphardt

R Amber Hotel?

*(Introduce yourself and ask if they have a room for one night – the fifth of April.)*

L Good morning. My name is Lipphardt. Do you have a room, please, for one night? On the fifth of April?

R For the fifth to the sixth of April. A single or double?

*(A single with bath.)*

L A single. With bath, please.

R Yes, we have a single with bath for that night, sir. Would you like to reserve?

*(Ask her to tell you if the prices on their website are up-to-date.)*

L Could you tell me if the prices on your website are up-to-date?

R Yes, sir. They were updated last week.

*(Then you'd like to reserve a single with bath and breakfast, for one night.)*

L Right, Then I'd like to reserve a single with bath and breakfast. For one night.

R Thank you. May I have your name again, sir?

*(Say and spell your name.)*

L That's Lipphardt. L – I – double-P – H – A – R – D – T.

R L– I – double-B ...

*(Correct her.)*

L No, double-P. P for Peter.

R Ah, double-P. So: L – I – double-P – H – A – R – D – T. Right. May I have your phone number, please?

*(Your private number is Germany 5-6-1 double-5 double-6.)*

L Yes, my private number is Germany 5-6-1 double-5 double-6.

R 5-6-1 double-5 double-6.

*(Offer your email address: P.Lipphardt@t-online.de.)*

*R Amber Hotel?*

*(Stellen Sie sich vor und fragen Sie, ob sie ein Zimmer für eine Nacht haben – am fünften April.)*

*L Guten Morgen. Mein Name ist Lipphardt. Haben Sie bitte ein Zimmer für eine Nacht? Am fünften April?*

*R Für den fünften auf den sechsten April. Ein Einzel- oder Doppelzimmer?*

*(Ein Einzelzimmer mit Bad.)*

*L Ein Einzelzimmer. Mit Bad, bitte.*

*R Ja. Wir haben ein Einzelzimmer mit Bad für diese Nacht, mein Herr. Möchten Sie reservieren?*

*(Bitten Sie sie, Ihnen zu sagen, ob die Preise auf ihrer Webseite aktuell sind.)*

*L Könnten Sie mir sagen, ob die Preise auf Ihrer Webseite aktuell sind?*

*R Ja. Sie wurden letzte Woche aktualisiert.*

*(Dann möchten Sie ein Einzelzimmer mit Bad und Frühstück reservieren – für eine Nacht.)*

*L Gut. Dann möchte ich ein Einzelzimmer mit Bad und Frühstück reservieren. Für eine Nacht.*

*R Danke. Könnten Sie mir noch einmal Ihren Namen geben?*

*(Sagen Sie Ihren Namen und buchstabieren Sie ihn dann.)*

*L Das ist Lipphardt. L – I – P – P – H – A – R – D –T.*

*R L – I – B – B ...*

*(Korrigieren Sie sie.)*

*L Nein, P P. P wie Peter.*

*R Ah, P – P. Also: L – I – P – P – H – A – R – D – T. In Ordnung. Könnte ich bitte Ihre Telefonnummer haben?*

*(Ihre Privatnummer ist Deutschland 5-6-1 5-5-6-6.)*

*L Ja, meine Privatnummer ist: Deutschland 5-6-1-5-5-6-6.*

*R 5-6-1-5-5-6-6.*

*(Geben Sie Ihre E-Mail-Adresse an: P.Lipphardt@t-online.de.)*

L Let me give you my email address. It's P.Lipphardt@t-online.de.
R OK, I've got that. Thank you very much.

*L Ich gebe Ihnen meine E-Mail-Adresse: Sie lautet P.Lipphardt@t-online.de.*
*R In Ordnung. Ich habe sie aufgenommen. Vielen Dank.*

## 43 Abschlusstest

Sehr gut – Sie haben den Kurs absolviert und nun bleibt Ihnen nur noch eines übrig: Ihr Können in einem Abschlusstest zu überprüfen. Sie hören 15 Anweisungen, anhand derer Sie die Sätze vervollständigen sollen, der Beginn ist jeweils vorgegeben. Sprechen Sie nach dem Signalzeichen und hören Sie danach den vollständigen Satz zur Kontrolle.
Wenn Sie die vollständige Antwort richtig gesprochen haben – oder eine ähnliche Antwort mit gleicher Bedeutung – erhalten Sie jeweils einen Punkt. Ermitteln Sie so Ihre Gesamtpunktzahl. Good luck!

*(You want to speak to the person responsible for deliveries.)*
▶ Begin: Would you ... ?
Would you put me through to the person responsible for deliveries, please?

*(Sie möchten mit dem Mitarbeiter sprechen, der für die Lieferungen zuständig ist.)*
▶ Beginnen Sie: Würden Sie ... ?
Würden Sie mich mit einem Mitarbeiter verbinden, der für die Lieferungen zuständig ist?

*(You want to speak to Mr Rolands.)*
▶ Begin: I'd like ...
I'd like to speak to Mr Rolands, please.

*(Sie möchten mit Mr Rolands sprechen.)*
▶ Beginnen Sie: Ich möchte ... .
Ich möchte bitte mit Mr Rolands sprechen.

*(Say you'll call back on Tuesday.)*
▶ Begin: I'll get ...
I'll get back to you on Tuesday.

*(Sagen Sie, dass Sie am Dienstag wieder anrufen werden.)*
▶ Beginnen Sie: Ich (rufe) ... .
Ich rufe Sie am Dienstag wieder an.

*(You want to phone the caller back in the next 20 minutes.)*
▶ Begin: I'll ring ...
I'll ring you back in the next 20 minutes.

*(Sie möchten den Anrufer innerhalb der nächsten 20 Minuten zurückrufen.)*
▶ Beginnen Sie: Ich rufe ...
Ich rufe Sie innerhalb der nächsten 20 Minuten zurück.

*(Ask the speaker to repeat his last information.)*
▶ Begin: Would you give ... ?
Would you give me that information once more, please?

*(Bitten Sie den Sprecher, seine letzten Informationen zu wiederholen.)*
▶ Beginnen Sie: Würden Sie ... geben?
Würden Sie mir diese Informationen bitte noch einmal geben?

*(Check if the speaker said Friday.)*
▶ Begin: Excuse me ...
Excuse me – did you say Friday?

*(Überprüfen Sie, ob der Sprecher „Freitag" gesagt hat.)*
▶ Beginnen Sie: Entschuldigen Sie – ... ?
Entschuldigen Sie, Sie haben Freitag gesagt?

*(You think the speaker's phrase "Wireless LAN" means "Wireless Local Area Network". Check this.)*

- Begin: By "Wireless LAN" ...

By "Wireless LAN", do you mean "Wireless Local Area Network"?

*(Sie glauben, der Sprecher meinte mit "Wireless LAN" "Wireless Local Area Network". Überprüfen Sie dies.)*

- Beginnen Sie: Meinen Sie mit "Wireless LAN" ... ?

Meinen Sie mit "Wireless LAN" "Wireless Local Area Network"?

*(Check if the speaker has understood you.)*

- Begin: Is there anything you ... ?

Is there anything you didn't understand?

*(Überprüfen Sie, ob der Sprecher Sie verstanden hat.)*

- Beginnen Sie: Gibt es etwas, das Sie ... ?

Gibt es etwas, das Sie nicht verstanden haben?

*(Check that you've understood all the caller has said.)*

- Begin: Let me read that ...

Let me read that back to check that I've got it all.

*(Stellen Sie sicher, dass Sie alles verstanden haben, was der Anrufer gesagt hat.)*

- Beginnen Sie: Lassen Sie mich das ... wiederholen ...

Lassen Sie mich das noch mal wiederholen, um sicherzugehen, dass ich alles verstanden habe.

*(Offer to explain again what you've just said.)*

- Begin: Would you like ... ?

Would you like me to explain that again?

*(Bieten Sie an, noch einmal zu erklären, was Sie gerade gesagt haben.)*

- Beginnen Sie: Möchten Sie, ... ?

Möchten Sie, dass ich das noch einmal erkläre?

*(Offer to speak a little louder.)*

- Begin: Would ... ?

Would you like me to speak a little louder?

*(Erklären Sie sich bereit, etwas lauter zu sprechen.)*

- Beginnen Sie: Möchten ... ?

Möchten Sie, dass ich etwas lauter spreche?

*(Express the hope of doing business with the caller.)*

- Begin: I'm looking forward ...

I'm looking forward to doing business with you.

*(Bringen Sie Ihre Hoffnung zum Ausdruck, mit dem Anrufer Geschäfte zu machen.)*

- Beginnen Sie: Ich freue mich darauf, ... .

Ich freue mich darauf, mit Ihnen ins Geschäft zu kommen.

*(Express regret on an answerphone for not getting through directly)*

- Begin: I'm sorry ...

I'm sorry I couldn't get through to you directly.

*(Bedauern Sie auf dem Anrufbeantworter, dass Sie den Gesprächspartner nicht persönlich erreicht haben.)*

- Beginnen Sie: Es tut mir leid, ....

Es tut mir leid, dass ich Sie nicht persönlich erreicht habe.

*(Invite the caller to contact you at any time.)*

- Begin: Feel ...
  Feel free to contact me at any time.

*(Your manager's name is Dillinger. Spell it for an English listener.)*

- Begin: D ...
  D-I-double-L-I-N-G-E-R

*(Bieten Sie dem Anrufer an, Sie jederzeit anzurufen.)*

- Beginnen Sie: Rufen Sie ...
  Rufen Sie mich ruhig jederzeit an.

*(Der Name Ihres Managers ist Dillinger. Buchstabieren Sie ihn für einen englischen Zuhörer.)*

- Beginnen Sie: D ...
  D-I-L-L-I-N-G-E-R

Wie haben Sie abgeschnitten? Wenn Sie zwischen 13 und 15 Punkte erzielt haben, können Sie sich ausgezeichnet am Telefon ausdrücken. Wenn Ihr Ergebnis zwischen 9 und 12 Punkten liegt, sollten Sie sich Ihre **Telefonieren**-CD ein zweites Mal anhören. Und versuchen Sie sich danach noch einmal am Test. Haben Sie weniger als 9 Punkte erzielt? Dann sollten Sie den Kurs wirklich noch einmal durcharbeiten! Denken Sie daran: Übung macht den Meister! Sie schaffen es! Wir wünschen Ihnen viel Erfolg beim Telefonieren! Good luck!

# Tipps

## „Handy" ist kein englisches Wort!

Die Wortschöpfung „Handy" ist deutsch. Im Englischen heißt Handy *mobile phone* oder *cell phone* – merken Sie sich diese Ausdrücke, um Missverständnisse zu vermeiden!

## False friends

*Hang on* bedeutet nicht „hängen Sie (den Hörer) auf" bzw. „legen Sie auf", sondern „Warten Sie". Auch der Ausdruck *on the phone* wird manchmal missverstanden. Er bedeutet nicht, dass die gesuchte Person „am Apparat" ist, sondern dass sie in einem anderen Gespräch ist (an einem anderen Anschluss). Eine Übersetzung könnte lauten „... telefoniert gerade".

## Zeitzonen

Wenn Sie oft ins Ausland telefonieren, sollten Sie aufpassen, niemanden am anderen Ende der Welt um 4 Uhr morgens aus dem Bett zu klingeln. Auch bei telefonischen Verabredungen ist es unerlässlich, die Ortszeit des Landes, in dem sich der Gesprächspartner aufhält, genau zu kennen oder zu erfragen. Eine vollständige Zeitangabe enthält neben der Uhrzeit auch die Zeitzone oder eine Angabe wie *your time / my time*, z.B. *I'll call you tomorrow at 11a.m. your time*!

Europa ist in drei Zeitzonen aufgeteilt:

*Western European Time (WET)* – auch als *Greenwich Mean Time (GMT)* bekannt;
*Central European Time (CET) (= WET + 1 hour)* – auch als *Middle European Time (MET)* bekannt*;
*Eastern European Time (EET) (= WET + 2 hours).*

*Im Deutschen als Mitteleuropäische Zeit (MEZ) bekannt.

Lassen Sie sich nicht durch Abkürzungen verwirren – oft steht ein Kürzel für mehrere Zeitzonen:

IST steht beispielsweise für:

*Irish Summer Time (GMT+1)*
*Israeli Standard Time (GMT+2)*
*Iran Standard Time (GMT+3.30)*
*Indian Standard Time (GMT+5.30)*

Viele Länder unterscheiden zwischen Sommerzeit (*DST – daylight saving time*) und Standardzeit. Eine Liste der Länder mit Sommerzeit finden Sie unter www.worldtimeserver.com oder einer ähnlichen Webseite. Da sich diese Liste recht oft ändert, lohnt sich ein Besuch.

## Ländervorwahlen in Europa

Die internationale Vorwahl für Deutschland ist +49. Das "+" wird jeweils länderspezifisch ersetzt, z.B. durch "00".

Folgende Vorwahlnummern können Sie benutzen, wenn Sie von Deutschland aus ins europäische Ausland telefonieren:

Andorra: 00376
Belgien: 0032
Dänemark: 0045
Estland: 00372
Finnland: 00358
Frankreich: 0033
Griechenland: 0030
Großbritannien: 0044
Irland: 00353
Italien: 0039
Lettland: 00371
Liechtenstein: 00423
Litauen: 00370
Luxemburg: 00352
Malta: 00356
Monaco: 003393
Niederlande: 0031
Norwegen: 0047
Österreich: 0043
Polen: 0048
Portugal: 00351
San Marino: 00378
Schweden: 0046
Schweiz: 0041
Slowenien: 00386
Slowakei: 00421
Spanien: 0034
Tschechische Republik: 00420
Ungarn: 0036
Vatikanstadt: 00396
Zypern (griechischer Teil): 00357
Zypern (türkischer Teil): 0090

## Weibliche Anredeformen im Englischen

Frauen wurden traditionellerweise im Englischen je nach Familienstand entweder mit *Miss* (unverheiratet) oder mit *Mrs* (verheiratet) angesprochen, z.B. *Miss Burns, Mrs Rush.*
Heute benutzt man nur noch die neutrale Anrede *Ms* (im Englischen als 'Mzz' ausgesprochen), sowohl im schriftlichen als auch im gesprochenen Englisch.

## *Will you hold?*

Fragen Sie den Anrufer, ob er auf eine Warteschleife gesetzt werden möchte, bevor Sie dies tun (*Will you hold?*). Untersuchungen zu diesem Thema haben gezeigt, dass Anrufer ungehalten werden, wenn sie mehr als 17 Sekunden warten müsssen.
Wenn möglich, sagen Sie dem Anrufer, wie lange er etwa warten wird. Ist dies nicht vorherzusehen, unterbrechen Sie und bieten Sie dem Anrufer an, später noch einmal anzurufen (möglicherweise ruft er aus dem Ausland an und verbraucht teure Einheiten) oder seine Telefonnummer zu hinterlassen, so dass Sie ihn zurückrufen können.

## Gestik und Mimik sind hörbar

Manche Leute telefonieren gern im Stehen. Gehören Sie auch dazu? Finden Sie es leichter Ihre Botschaft mit lebhaften Arm- und Handbewegungen zu unterstreichen? Die Körpersprache ist in der Tat am anderen Ende „hörbar". Achten Sie auf Ihre Haltung: Wenn Sie zusammengesunken über Ihrem Schreibtisch hängen, hört sich Ihre Stimme gequetscht und müde an. So können Sie keinen Elan versprühen! Wenn es Ihnen hilft, stehen Sie auf und verfolgen Sie Ihre Gestik und Mimik während des Gesprächs im Spiegel. Eine unangenehme Nachricht vermitteln Sie übrigens angemessener, wenn Sie dabei ein Lächeln auf Ihr Gesicht zaubern können.

## Telefonnummern aussprechen

Sprechen Sie die Ziffern einer Telefonnummer einzeln aus, zum Beispiel *one – eight* (nicht *eighteen*!) Folgen zwei gleiche Ziffern aufeinander, so fassen Sie sie zusammen, zum Beispiel: " 22" lautet *double two* (nicht *two – two*). Und denken Sie daran: Die Null wird o ausgesprochen (wie der Buchstabe o – nicht *zero* oder *nil*!).

## Webseiten- und E-Mail-Adressen aussprechen

Beachten Sie, dass Webseiten- bzw. E-Mail-Adressen immer als ganzer Ausdruck gelesen werden – ohne Pausen vor oder nach den Satzzeichen.

Das Zeichen @ wird im Englischen (wie auch im Deutschen) *at* ausgesprochen. Ein Punkt heißt *dot* (nicht *point*!), und ein Bindestrich *dash* (nicht *hyphen*!). Die Länderspezifikation wird als Abfolge der einzelnen Buchstaben gesprochen: *de* für Deutschland heißt also *d–e* (nicht *de*!).

Die Webseite www.hueber.de wird also *double-u – double-u – double-u – dot – hueber - dot – d – e* ausgesprochen.

## Englische Ansagen für den Anrufbeantworter

Wenn Sie Geschäftskontakte mit dem Ausland pflegen, sollten Sie natürlich auch einige englische Ansagen auf Ihren Anrufbeantworter aufnehmen – für jeden Anlass die richtige Ansage:

1. Sie möchten dem Anrufer die Gelegenheit geben, eine Nachricht zu hinterlassen:

*Thank you for calling SoftBlend Nürnberg. Please leave a message and I'll get back to you as soon as possible.*
*This is SoftBlend Nürnberg. Please leave your name and phone number and I'll ring you back as soon as possible.*

2. Sie möchten den Anrufer nur wissen lassen, dass er außerhalb der Geschäftszeiten anruft:

*This is SoftBlend Nürnberg. You are calling outside our business hours. The office is open from Monday to Friday from 8 am to 5pm. Thank you for calling.*
*This is SoftBlend Nürnberg. Our business hours are Monday to Friday from 8am to 5pm. Thank you for contacting SoftBlend Nürnberg.*

3. Sie möchten ankündiqen, dass Sie Urlaub machen und möqlicherweise eine Notfallnummer hinterlassen:

*This is SoftBlend Nürnberg. We're on vacation until April 16. In an emergency, call 0722 35887.*
*This is SoftBlend Nürnberg. The office is closed until April 16. In urgent cases, call 0722 35887.*

4. Sie möchten englische Anrufer auf der Warteschleife vertrösten:

*This is SoftBlend Nürnberg. All our lines are busy right now. Please hold and you'll be connected as soon as a line becomes available.*
*This is SoftBlend Nürnberg. At the moment, all our lines are busy. Please wait and you'll be connected to the next open line.*

## Lösungen zu den Hörverständnisfragen

Warum kann Mr Radley nicht mit Frau Schäfer sprechen?
Sie telefoniert gerade.

Wie viele Anrufe erwartet Herr Reinhard nach diesem Gespräch?
Zwei Anrufe.

Wann wird die Sekretärin wieder mit Herrn Reinhard sprechen?
Am Mittwoch.

Was wird Kai als Nächstes tun – warten, eine Nachricht hinterlassen oder den Anruf beenden?
Er wartet.

Wie oft bittet Kai Ms Jensen, zu klären, was sie gesagt hat?
Zweimal.

Wie viele Fragen stellt Frau Schäfer, um sicherzugehen, dass sie alles richtig verstanden hat?
Drei.

Wie geht Mr Radley vor, um besser verstanden zu werden?
Er bietet an, die Informationen zu wiederholen.

Wessen Handy hat das Problem verursacht – das von Mr Rayner oder von Frau Schäfer?
Das von Frau Schäfer.

Wer verspricht, wieder anzurufen – Kai Menzel oder Ms Lagerwall?
Ms Lagerwall.

Wird Mr Radley zurückrufen oder soll Frau Schäfer später noch einmal anrufen?
Mr Radley wird zurückrufen.

Bittet Frau Schäfer Mr Radley um eine telefonische oder um eine schriftliche Bestellbestätigung?
Um eine schriftliche Bestellbestätigung (per E-Mail).

Wie lautet also der Name des Sprechers?
Mittermeier.

Welche Adressen buchstabiert Herr Mittemeier – die Webseite, Postanschrift oder E-Mail-Adresse?
Die Webseite und die E-Mail-Adresse.

# Wortschatzliste (Englisch-Deutsch)

## A

| | |
|---|---|
| ability | Fähigkeit |
| able | fähig |
| absolutely | vollkommen |
| accent | Akzent |
| accept | akzeptieren |
| active | aktiv |
| activities | Aktivitäten |
| additional | zusätzlich |
| address | Adresse |
| advance | fortschreiten |
| agree | zustimmen |
| answer | anworten, abnehmen (Telefonhörer) |
| answerphone | Anrufbeantworter |
| apologise | sich entschuldigen |
| appointment | Termin |
| area | Gebiet |
| available | zur Verfügung stehend |

## B

| | |
|---|---|
| bill | Rechnung |
| business | Geschäft |

## C

| | |
|---|---|
| call again | wieder anrufen |
| call back | zurückrufen |
| caller | Anrufer(in) |
| carefully | vorsichtig |
| catalogue | Katalog, Verzeichnis |
| cell phone range | (Mobilfunk-)Empfangsbereich |
| Central European Time (CET) | mitteleuropäische Zeit |
| certainly | bestimmt |
| CET (Central European Time) | mitteleuropäische Zeit |
| check | überprüfen, nachsehen |
| client | Kunde/Kundin |
| code | Code |
| communication | Kommunikation |
| company | Firma |
| complete | vervollständigen, vollständig |
| confirm | bestätigen |
| connect | verbinden |

| | |
|---|---|
| connection | Verbindung |
| contact | Kontakt, (hier: anrufen) |
| contain | enthalten |
| continue | fortfahren |
| contract | Vertrag |
| correct | korrigieren, richtig |
| correctly | richtig |
| count | zählen |
| country code | Ländervorwahl |
| coverage | hier: Empfang (Empfangsbereich des Anbieters) |
| customer | Kunde/Kundin |

**D**

| | |
|---|---|
| deal with | handhaben, sich kümmern um |
| decide | entscheiden |
| definitely | gewiss, bestimmt |
| delay | Verspätung |
| deliver | liefern |
| delivery | Lieferung |
| demand | Nachfrage |
| despatch | Versand |
| details | Einzelheiten |
| develop | entwickeln |
| dial | wählen (Telefon) |
| directly | direkt, geradewegs |
| discount | Rabatt |
| discuss | besprechen, diskutieren |
| dot | Punkt |
| drop off | nachlassen |
| drop off altogether | zusammenbrechen |

**E**

| | |
|---|---|
| EET (Eastern European Time) | osteuropäische Zeit |
| email | E-Mail |
| email address | E-Mail-Adresse |
| end a call | ein Telefongespräch beenden |
| engaged | besetzt (hier: am Telefon) |
| equipment | Ausrüstung, Einrichtung |
| estimate | schätzen, Kostenvoranschlag |
| exactly | genau |
| excuse me | entschuldigen Sie |
| expect | erwarten |
| explain | erklären |
| express | ausdrücken |

| | |
|---|---|
| extension | Durchwahl |

**F**

| | |
|---|---|
| fair | Messe |
| figure | Zahl |
| final | letzte/r/s |
| first-time customer | Neukunde/kundin |
| follow | folgen |

**G**

| | |
|---|---|
| Germany | Deutschland |
| get back to | hier: zurückrufen (Telefon) |
| give information | Informationen geben |
| goods | Waren |
| greet | grüßen |
| greeting | Begrüßung |
| guarantee | Garantie, garantieren |
| guest | Gast |

**H**

| | |
|---|---|
| hear | hören |
| help | Hilfe, helfen |
| helpful | hilfreich |
| high-rise building | Hochhaus |
| hold the line | am Apparat bleiben |

**I**

| | |
|---|---|
| idea | Konzept, Idee |
| identify | identifizieren |
| immediately | sofort |
| important | wichtig |
| improve | verbessern |
| in advance | im Voraus |
| in stock | auf Lager, vorrätig |
| information | Information, Informationen |
| insist on | bestehen auf |
| interest | Interesse |
| interested in | interessiert sein an |
| interference | (Empfangs-)Störung |
| interrupt | unterbrechen |
| introduce | vorstellen |
| introductory discount | Einführungsrabatt |
| invite | einladen |

## L

| | |
|---|---|
| LAN (Local Area Network) | LAN (lokales Netzwerk) |
| leave a message | eine Nachricht hinterlassen |
| line | Verbindung, Leitung (Telefon) |
| list | Liste |
| listener | Hörer |
| look forward to sth | sich auf etw freuen |

## M

| | |
|---|---|
| mailbox | Mailbox (Anrufbeantworter) |
| make clear | klarstellen |
| manager | Leiter, Manager |
| managing director | Geschäftsführer |
| meaning | Bedeutung |
| meet | treffen |
| meeting | Treffen, Sitzung |
| message | Nachricht |
| mobile number | Handynummer |
| mobile phone | Handy |

## N

| | |
|---|---|
| necessary | notwendig |
| need | benötigen |
| network | Netzwerk |
| normally | normalerweise |
| note | Notiz, notieren |
| number | Zahl |

## O

| | |
|---|---|
| offer | Angebot, anbieten |
| order | Auftrag, Bestellung, bestellen |
| order number | Auftragsnummer, Bestellnummer |
| outside | außerhalb |

## P

| | |
|---|---|
| payment | Zahlung |
| phone | Telefon, telefonieren |
| phone call | Telefonanruf |
| phone numbers | Telefonnummern |
| phrase | Ausdruck |
| politely | höflich |
| possibility | Möglichkeit |
| possible | möglich |
| postal address | Postanschrift |

| | |
|---|---|
| potential | potentielle/r/s, mögliche/r/s |
| prefer | vorziehen |
| prepare | vorbereiten |
| price | Preis |
| price estimate | Kostenvoranschlag |
| private | privat |
| produce | herstellen, produzieren |
| product | Produkt |
| promise | Versprechen, versprechen |
| prompt | Aufforderung |
| public | Öffentlichkeit, öffentlich |
| put sb through | jdn verbinden (Telefon) |

**Q**

| | |
|---|---|
| question | Frage |

**R**

| | |
|---|---|
| reach | erreichen |
| read back | noch einmal vorlesen |
| receive | erhalten |
| receptionist | Empfangschef/in, -sekretär/in |
| record | aufnehmen |
| recording | Aufnahme |
| remind | erinnern |
| repeat | wiederholen |
| representative | Vertreter |
| request | Bitte, Anfrage |
| require | benötigen |
| reserve | reservieren |
| responsible | verantwortlich |
| ring back | zurückrufen (Telefon) |

**S**

| | |
|---|---|
| sample | Muster |
| secretary | Sekretär/in |
| send | schicken |
| share | teilen |
| single | Einzel- |
| site | Webseite |
| size | Größe |
| software | Software |
| speaker | Sprecher |
| spell | buchstabieren |
| spelled out | buchstabiert |

| | |
|---|---|
| spelling | Orthografie |
| spotty | ungleichmäßig |
| standard | Standard- |
| stock | Vorrat |
| subway | U-Bahn |
| suggest | vorschlagen |
| supplier | Zulieferer |
| supply contract | Zulieferervertrag |
| suppose | annehmen |

T

| | |
|---|---|
| telephone | Telefon, telefonieren |
| telephone alphabet | Telefonalphabet |
| terms | Bedingungen |
| time zone | Zeitzone |
| tip | Tipp |
| tool | Werkzeug |
| total | gesamt/e/r/s |
| trades fair | Handelsmesse |
| transfer | durchstellen |
| type | Typ, Sorte |

U

| | |
|---|---|
| unit | Stück |
| up-to-date | auf dem neuesten Stand |

V

| | |
|---|---|
| visit | besuchen |

W

| | |
|---|---|
| website | Webseite |
| website address | Webseiten-Adresse |
| WET (Western European Time) | Westeuropäische Zeit |
| willing (to do st.) | bereit sein (etw. zu tun) |
| wireless | schnurlos |
| Wireless LAN | WLAN (schnurloses lokales Netzwerk) |
| WLAN (Wireless LAN) | WLAN (schnurloses lokales Netzwerk) |

# Verhandeln

# Inhalt

# Dialoge und Phrase Banks

## 1 Meeting

Bob Jordan besucht eine Handelsmesse, wo er Frau Gabler am Stand ihrer Firma treffen soll.
Er sieht sie und stellt sich vor.
J = Bob Jordan, G = Frau Gabler

| | |
|---|---|
| J Hullo, it's Frau Gabler, isn't it? I'm Bob Jordan of T. K. Wilson & Company. | J *Hallo. Sie sind Frau Gabler, nicht wahr? Ich bin Bob Jordan von T. K. Wilson & Company.* |
| G Ah, hullo, Mr Jordan. Nice to meet you. I'm glad you could come. Did you have a good trip? | G *Ah, hallo, Mr Jordan. Freut mich, Sie kennen zu lernen. Es freut mich, dass Sie kommen konnten. Hatten Sie eine gute Reise?* |
| J Oh, yes. I came from Munich today. Not a huge journey. You got my email, did you? | J *Oh ja. Ich bin heute aus München angereist. Keine große Reise. Sie haben doch meine E-Mail bekommen?* |
| G I did indeed. With the sales graphs. Thank you. | G *Ja, habe ich. Mit den Absatzdiagrammen. Danke.* |

Nun zu Ihrer ersten Übung.

## 2 Phrase Bank

| | |
|---|---|
| Hullo, it's Frau Gabler, isn't it? | *Hallo. Sie sind Frau Gabler, nicht wahr?* |
| I'm Bob Jordan of T. K. Wilson & Company. | *Ich bin Bob Jordan von T. K. Wilson & Company.* |
| May I introduce myself? | *Darf ich mich vorstellen?* |
| Hullo, Mr Jordan. Nice to meet you. | *Hallo, Mr Jordan. Freut mich, Sie kennen zu lernen.* |
| I'm glad you could come. | *Es freut mich, dass Sie kommen konnten.* |
| Did you have a good trip? | *Hatten Sie eine gute Reise?* |
| Oh, yes. I came from Munich today. | *Oh ja. Ich bin heute aus München angereist.* |

## 3 Getting started

Hören Sie, wie Frau Gabler und Mr Jordan ihr Gespräch beginnen.
Finden Sie heraus, wer jetzt etwas erklären wird, Frau Gabler oder Mr Jordan.
J = Mr Jordan, G = Frau Gabler

| | |
|---|---|
| J If you're ready, we can start straight away, Frau Gabler. | J *Wenn Sie bereit sind, können wir sofort anfangen, Frau Gabler.* |
| G Yes, let's get down to business, shall we? Er ... perhaps you could give me the gist of your proposal. | G *Ja, lassen Sie uns zum Geschäftlichen kommen, in Ordnung? Eh ... Vielleicht könnten Sie mir sagen, worum es in Ihrem Vorschlag geht.* |
| J OK, I'll put you in the picture. | J *Gut, ich werde Sie ins Bild setzen.* |

Wer wird jetzt etwas erklären – Frau Gabler oder Mr Jordan?
Mr Jordan.

## 4 Phrase Bank

Let's get down to business, shall we?
*Lassen Sie uns zum Geschäftlichen kommen, in Ordnung?*

If you're ready, we can start straight away.
*Wenn Sie bereit sind, können wir sofort anfangen.*

I'll put you in the picture.
*Ich werde Sie ins Bild setzen.*

Perhaps you could give me the gist of your proposal.
*Vielleicht könnten Sie mir sagen, worum es in Ihrem Vorschlag geht.*

Could we discuss the question of transport first?
*Könnten wir zuerst die Transportfrage besprechen?*

## 5 Listening to the other speaker's point-of-view

Martin Schneider spricht mit Mr Kemp, einem Einzelhandelsvertreter.
Wie oft drückt Herr Schneider aus, dass er mit Mr Kemp einer Meinung ist?
K = Mr Kemp, S = Martin Schneider

K You know, Herr Scheider, we're not selling many of your children's games. The demand has been – well – limited.
S You have a point there, Mr Kemp. But you'll find that the demand is steady – year in, year out.
K Well, I'm glad to hear that. Er ... we're particularly worried about the board games.
S Oh, I can appreciate that. We can promise you strong Christmas sales, though, Mr Kemp.
K Good. That would be great. Especially the Glitterboard model.
S How do you mean?
K I mean: Glitterboard hasn't made a big impact on the student market – not as we hoped it would.
S Unfortunately, I have to agree with you. But it's selling well to the so-called tweens.
K The 7-to-11 age group, you mean. Well, yes. That's true.

*K Wissen Sie, Herr Schneider, wir verkaufen nicht viele Ihrer Kinderspielzeuge. Die Nachfrage war – nun ja – begrenzt.*
*S Da haben Sie Recht, Mr Kemp. Aber Sie werden sehen, dass diese Nachfrage nach Spielen konstant ist – jahrein, jahraus.*
*K Es freut mich, das zu hören. Äh ... wir sind besonders besorgt, was die Brettspiele angeht.*
*S Oh, das kann ich verstehen. Wir können Ihnen aber ein gutes Weihnachtsgeschäft versprechen, Mr Kemp.*
*K Gut. Das wäre toll. Besonders für das Glitterboard–Modell.*
*S Wie meinen Sie das?*
*K Ich meine: Das Glitterboard hat keinen großen Erfolg auf dem Studentenmarkt gehabt – nicht so, wie wir es erhofft hatten.*
*S Leider muss ich Ihnen da zustimmen. Aber es verkauft sich gut an die so genannten „Tweens".*
*K Sie meinen die Altersgruppe von 7 bis 11. Nun ja. Das stimmt.*

Wie oft drückt Herr Schneider aus, dass er mit Mr Kemp einer Meinung ist?
Dreimal. Hören wir die Ausdrücke, die er dazu benutzt, noch einmal an.

## 6 Phrase Bank

| | |
|---|---|
| You have a point there. | *Da haben Sie recht.* |
| I can appreciate that. | *Ich verstehe das.* |
| I have to agree with you. | *(Da) muss ich Ihnen zustimmen.* |
| I can see your point. | *Das kann ich verstehen.* |

## 7 Asking for something to be explained

Martin Schneider und Mr Kemp führen ihre Verhandlung fort.
Finden Sie heraus, welcher Ausdruck einem der Sprecher erklärt werden muss.
K = Mr Kemp, S = Martin Schneider

| | |
|---|---|
| K I'd like to discuss the opt-out clause with you. | *K Ich würde gerne die Rücktrittsklausel mit Ihnen besprechen.* |
| S Opt-out clause? I'm afraid I don't follow you. | *S Die Rücktrittsklausel? Es tut mir leid, ich kann Ihnen nicht folgen.* |
| K You know, the part of the contract which allows either side to withdraw. | *K Sie wissen (doch), der Teil des Vertrags, der es beiden Seiten ermöglicht, zurückzutreten.* |

Welcher Ausdruck muss einem der Sprecher erklärt werden?
"Opt-out clause", was Rücktrittsklausel bedeutet.

## 8 Phrase Bank

| | |
|---|---|
| I'm afraid I don't follow you. | *Es tut mir leid, ich kann Ihnen nicht folgen.* |
| I haven't quite understood that point. | *Ich habe diesen Punkt nicht ganz verstanden.* |
| What exactly do you mean by „opt-out clause"? | *Was genau meinen Sie mit „Rücktrittsklausel"?* |
| Would you explain that, please? | *Würden Sie das bitte erklären?* |
| Can you put it differently? | *Können Sie das mit anderen Worten ausdrücken?* |

## 9 Working step-by-step

Martin Schneider und Mr Kemp möchten noch einige Themen besprechen.
Finden Sie heraus, welche sie zuerst behandeln werden.
K = Mr Kemp, S = Martin Schneider

| | |
|---|---|
| K So, what's the next step? | *K So, was ist der nächste Schritt?* |
| S Well, let's look at the items we still have to cover. | *S Nun, lassen Sie uns die Themen ansehen, die wir noch behandeln müssen.* |
| K We could discuss the delivery costs next, couldn't we? | *K Wir könnten als Nächstes die Lieferkosten besprechen, nicht wahr?* |
| S Yes. Then we should go on to price revisions. | *S Ja. Dann sollten wir mit den Preisänderungen weitermachen.* |

K Ah, right. Yes. Then, finally, we should deal with the insurance question, right?

*K Ah, ja. In Ordnung. Zum Schluss sollten wir uns dann um die Versicherungsfrage kümmern, nicht wahr?*

Welches Thema werden Sie zuerst behandeln?
Das Thema Lieferkosten.

## 10 Phrase Bank

What's the next step?
*Was ist der nächste Schritt?*

Let's look at the items we still have to cover.
*Lassen Sie uns die Themen ansehen, die wir noch zu bearbeiten haben.*

We could discuss the delivery costs next.
*Wir könnten als Nächstes die Lieferkosten besprechen.*

Then we should go on to price revisions.
*Dann sollten wir mit den Preisänderungen weitermachen.*

Finally, we should deal with the insurance question, right?
*Zum Schluss sollten wir uns um die Versicherungsfrage kümmern, nicht wahr?*

## 11 Making suggestions

Herr Hansen, ein deutscher Produzent, spricht mit Mrs Faulkner, einer britischen Kundin.
Finden Sie heraus, ob Mrs Faulkner bereits Waren bestellt hat oder nicht.
H = Herr Hansen, F = Mrs Faulkner

H ... So that's your total order, Mrs Faulkner?
*H ... Das ist also Ihre gesamte Bestellung, Mrs Faulkner.*

F For which you – let's see, you'll give us an introductory discount of 5%.
*F Auf die Sie – sehen wir mal – auf die Sie uns einen Einführungsrabatt von 5% gewähren.*

H That's right. So, thank you very much. And – er – would you like to add any manuals to your order, Mrs Faulkner?
*H Das stimmt. Also vielen Dank. Und – äh – möchten Sie Handbücher in Ihre Bestellung aufnehmen, Mrs Faulkner?*

F Manuals?
*F Handbücher?*

H Yes, you know, you'd get a 5% discount if you ordered now.
*H Ja, wissen Sie, Sie bekämen einen 5%igen Rabatt, wenn Sie jetzt bestellen würden.*

F Well, we'd certainly like some. I'll have to think about it.
*F Wir hätten schon gerne einige davon. Ich muss darüber nachdenken.*

Hat Mrs Faulkner bereits Waren bestellt oder nicht?
Sie hat bereits Waren bestellt.

## 12 Phrase Bank

| | |
|---|---|
| Would you like to add the manuals to your order? | *Möchten Sie die Handbücher in Ihre Bestellung aufnehmen?* |
| You'd get a 5% discount if you ordered now. | *Sie bekämen einen 5%igen Rabatt, wenn Sie jetzt bestellen würden.* |
| If we delivered by air, would you pay in advance? | *Falls wir per Luftfracht liefern, würden Sie im Voraus bezahlen?* |
| Would you like to place a trial order? | *Möchten Sie eine Probebestellung aufgeben?* |
| I suggest we split the packaging costs fifty-fifty. | *Ich schlage vor, wir teilen uns die Verpackungskosten zur Hälfte.* |

## 13 Stating conditions

Herr Hansens Verhandlung mit Mrs Faulkner geht weiter.
Finden Sie heraus, ob Mrs Faulkner vor oder nach Erhalt der Ware zahlen würde.
H = Herr Hansen, F = Mrs Faulkner

| | |
|---|---|
| H Mrs Faulkner, if you order a substantial quantity, we'll give you 8% off the catalogue price. | *H Mrs Faulkner, wenn Sie eine größere Menge bestellen, geben wir Ihnen einen Nachlass von 8% auf den Katalogpreis.* |
| F 8%. Well, how much would we have to order? | *F 8%. Nun, wie viel müssten wir bestellen?* |
| H Let's say, 800 euros worth. | *H Sagen wir, im Wert von 800 Euro.* |
| F 800 euros. | *F 800 Euro.* |
| H Yes, but we'd have to insist on payment in advance. | *H Ja, aber dann wir müssten auf einer Vorauszahlung bestehen.* |

Würde Mrs Faulkner vor oder nach Erhalt der Ware zahlen?
Vorher (als Vorauszahlung).

## 14 Phrase Bank

| | |
|---|---|
| If you order a substantial quantity, we'll give you 8% off the catalogue price. | *Wenn Sie eine größere Menge bestellen, geben wir Ihnen einen Nachlass von 8% auf den Katalogpreis.* |
| We'd have to insist on payment in advance. | *Wir müssten auf einer Vorauszahlung bestehen.* |
| We could agree to that, but only with payment in advance. | *Wir könnten dem zustimmen, aber nur gegen Vorauszahlung.* |
| We'll give you the discount on condition that you order 800 euros worth of goods. | *Wir gewähren Ihnen diesen Rabatt unter der Bedingung, dass Sie Waren im Wert von 800 Euro bestellen.* |
| I could accept that if you provided a guarantee. | *Ich könnte das akzeptieren, wenn Sie eine Garantie geben würden.* |

## 15 Seeking a concession

Hören Sie, wie ein Produzent einer Kundin ein Angebot macht.
Finden Sie heraus, wie die Kundin dem Angebot entgegnet. Lehnt sie das Angebot ab, stimmt sie ihm zu, oder stimmt sie ihm mit Vorbehalten zu?
P = Produzent, K = Kundin

| | | | |
|---|---|---|---|
| P | Wouldn't you like to order a few hundred CD racks too? | *P* | *Möchten Sie nicht auch ein paar hundert CD-Ständer bestellen?* |
| K | Not unless we got a very good price. | *K* | *Nein, es sei denn, wir bekämen einen sehr guten Preis.* |
| P | You know, if you ordered by the 15th, we'd be willing to charge the wholesale price. | *P* | *Wissen Sie, wenn Sie bis zum 15. bestellen, wären wir bereit, den Einkaufspreis zu berechnen.* |
| K | Hm ... could you keep that offer open for another two weeks? | *K* | *Hm ... Könnten Sie das Angebot noch 2 Wochen aufrecht erhalten?* |

Lehnt die Kundin das Angebot ab, stimmt sie ihm zu, oder stimmt sie ihm nur mit Vorbehalt zu?
Sie stimmt ihm nur mit Vorbehalt zu.

## 16 Phrase Bank

| | |
|---|---|
| Not unless we got a very good price. | *Nein. Es sei denn, wir bekämen einen sehr guten Preis.* |
| Could you keep that offer open for another two weeks? | *Könnten Sie das Angebot noch 2 Wochen aufrecht erhalten?* |
| Surely you could manage to grant a discount? | *Sie könnten doch sicher einen Rabatt gewähren?* |
| You could agree to these terms, couldn't you? | *Sie könnten diesen Bedingungen (doch) zustimmen, nicht wahr?* |

## 17 Avoiding confrontation

Frau Dombrowski ist die Geschäftsführerin eines Renovierungsunternehmens. Sie verhandelt über den Ankauf einer Lieferung von Farben.
Finden Sie heraus, wie oft sie das Angebot des Verkäufers höflich ablehnt.
V = Verkäufer, D = Frau Dombrowski

| | | | |
|---|---|---|---|
| V | ... so you'd like 120 cans of Longlife paint, Frau Dombrowski. | *V* | *... Sie hätten also gern 120 Dosen der Longlife-Farbe, Frau Dombrowski?* |
| D | Yes, 20 of each of your 6 colours. | *D* | *Ja. 20 von jeder Ihrer 6 Farben.* |
| V | You know, we could deliver them at our discount price if you paid in advance. | *V* | *Wissen Sie, wir könnten sie zu unserem Nachlasspreis liefern, wenn Sie im Voraus zahlen.* |
| D | Ah, that's not on, I'm sorry to say. | *D* | *Es tut mir leid, aber das geht nicht.* |
| V | No? Right. So, would you be interested in monthly deliveries? That would save you 15%. | *V* | *Nein? In Ordnung. Wären Sie denn an monatlichen Lieferungen interessiert? Sie würden damit 15% sparen.* |

D No. I don't think that would be worth our while. We'll just order 120 for now.

*D Nein. Ich glaube nicht, dass es sich für uns lohnen würde. Wir bestellen erst einmal nur 120.*

V Fine. So just call me whenever you'd like to order some.

*V Schön. Also rufen Sie mich an, wann immer Sie mehr bestellten möchten.*

D Right.

*D In Ordnung.*

V Actually, you might find that some of those colours sell out very quickly.

*V Übrigens werden sich einige dieser Farben wohl sehr schnell verkaufen.*

D Oh, I rather doubt that. We don't have a very large clientèle, you know.

*D Oh, das wage ich zu bezweifeln. Wissen Sie, wir haben keinen großen Kundenkreis.*

V So, Frau Dombrowski, that's 120 cans of Longlife paint ...

*V Also, Frau Dombrowski, das wären 120 Dosen Longlife-Farbe ...*

D At your discount price, right?

*D Zu Ihrem Nachlasspreis, richtig?*

V Er ... perhaps I didn't explain clearly enough, Frau Dombrowski. We can only allow the discount price if you pay in advance.

*V Äh ... Vielleicht habe ich das nicht klar genug ausgedrückt, Frau Dombrowski. Wir können den Nachlass nur gewähren, wenn Sie im Voraus zahlen.*

Wie oft lehnt Frau Dombrowski das Angebot des Verkäufers höflich ab?
Dreimal.

## 18 Phrase Bank

| | |
|---|---|
| I don't think that would be worth our while. | *Ich glaube nicht, dass sich das für uns lohnen würde.* |
| That's not on, I'm sorry to say. | *Es tut mir leid, aber das geht nicht.* |
| Sorry, but that's out of the question. | *Es tut mir leid, aber das kommt nicht in Frage.* |
| That's not quite the way we see it. | *Wir sehen das nicht ganz so.* |
| I'm not sure whether that's realistic. | *Ich bin mir nicht sicher, ob das realistisch ist.* |
| I wonder if that would really work. | *Ich frage mich, ob das wirklich funktionieren würde.* |
| I rather doubt that. | *Ich wage das zu bezweifeln.* |
| That's not quite what I meant. | *Das ist nicht ganz das, was ich meinte.* |
| Perhaps I didn't explain clearly enough. | *Vielleicht habe ich das nicht klar genug ausgedrückt.* |

## 19 Expressing optimism

Signor Florio aus Italien organisiert eine Gruppenexkursion nach Deutschland. Er verhandelt mit Frau Kunold, einer Münchner Hotelbesitzerin.
Finden Sie heraus, ob sich die beiden am Ende des Dialogs geeinigt haben.
K = Frau Kunold, F = Signor Florio

K Signor Florio, you'll save 10% if you reserve 40 rooms.

*K Signor Florio, Sie würden 10% sparen, wenn Sie 40 Zimmer reservieren.*

F I don't know yet if we'll need as many as that, Frau Kunold. Maybe 30.

*F Ich weiß noch nicht, ob wir so viele brauchen werden, Frau Kunold. Vielleicht (brauchen wir) 30.*

K I can meet you halfway on this. If you book 40 rooms, we'll give you the 10% and free pick-up at the airport.

*K Ich kann Ihnen da auf halbem Wege entgegenkommen. Wenn Sie 40 Zimmer reservieren, bieten wir Ihnen die 10% und kostenlosen Transfer vom Flughafen.*

F I'm sure we can work something out. Could I reserve 30 rooms now and 10 more provisionally?

*F Ich bin sicher, dass wir da eine Lösung finden können. Könnte ich jetzt 30 Zimmer buchen und 10 weitere provisorisch?*

Haben sich die beiden am Ende des Dialogs geeinigt?
Nein.

## 20 Phrase Bank

I can meet you halfway on this. — *Ich kann Ihnen da auf halben Wege entgegenkommen.*

We can certainly find a solution. — *Wir können bestimmt eine Lösung finden.*
I think we're making headway. — *Ich glaube, wir machen Fortschritte.*
We should be able to come to terms. — *Wir sollten in der Lage sein, eine Einigung zu erzielen.*
I'm sure we can work something out. — *Ich bin sicher, wir können uns einigen.*

## 21 Playing for time

Signor Florios Verhandlung mit Frau Kunold geht weiter.
Finden Sie heraus, ob er die Zimmer fest reserviert oder die Reservierung nur in Aussicht stellt.
F = Signor Florio, F = Frau Kunold

F We'll consider your offer very carefully, Frau Kunold.
K So, may I ask: when can you let me know about the rooms?
F I'm afraid I can't decide on this at the moment. But – well, it's highly possible that we'll reserve all 40 rooms.
K I'm very pleased to hear that, Signor Florio.

*F Wir werden Ihr Angebot sehr sorgfältig prüfen, Frau Kunold.*
*K Darf ich also fragen, wann Sie mir wegen der Zimmer Bescheid sagen können?*
*F Tut mir Leid, aber ich kann das im Augenblick nicht entscheiden. Aber wahrscheinlich werden wir alle 40 Zimmer reservieren.*
*K Ich freue mich sehr, das zu hören, Signor Florio.*

Reserviert Herr Florio die Zimmer fest oder stellt er die Reservierung nur in Aussicht?
Er stellt die Reservierung in Aussicht.

## 22 Phrase Bank

We'll consider your offer very carefully. — *Wir werden Ihr Angebot sehr sorgfältig prüfen.*
I'm afraid I can't decide on this at the moment. — *Tut mir leid, ich kann im Augenblick nicht darüber entscheiden.*

We'll have to review our options. — *Wir müssen prüfen, was möglich ist.*
I'll have to get back to you on that. — *Ich muss mich deswegen noch mal bei Ihnen melden.*

## 23 Leaving the door open

Jetzt verhandeln Signor Florio und Frau Kunold über ein anderes Thema.
Was sollte Signor Florio tun, falls er Frau Kunolds Angebot annimmt?
K = Frau Kunold, F = Signor Florio

| | | | |
|---|---|---|---|
| K | We can offer you a special group rate for evening meals, Signor Florio. | *K* | *Wir können Ihnen einen Gruppen-Sondertarif für das Abendessen anbieten, Signor Florio.* |
| F | Oh, er, no. I don't think we'll need evening meals, thank you. You see, the group members will be free to come and go as they wish in the evenings. | *F* | *Oh, äh, nein. Ich glaube nicht, dass wir im Hotel zu Abend essen werden, danke. Sehen Sie, die Gruppenmitglieder können abends kommen und gehen, wie sie möchten.* |
| K | All right. If you change your mind, just call me. | *K* | *In Ordnung. Wenn Sie sich anders entscheiden, rufen Sie mich bitte an.* |
| F | Certainly. | *F* | *Gewiss.* |
| K | And let me know if you have second thoughts about the room reservations too. | *K* | *Und lassen Sie mich auch wissen, wenn Sie es sich wegen der Zimmerreservierung anders überlegen.* |
| F | I certainly will. | *F* | *Das tue ich bestimmt.* |

Was sollte Signor Florio tun, falls er Frau Kunolds Angebot annimmt?
Er sollte sie anrufen.

## 24 Phrase Bank

| | |
|---|---|
| Let me know if you have second thoughts. | *Sagen Sie mir Bescheid, wenn Sie es sich anders überlegen.* |
| If you change your mind, just call me. | *Wenn Sie sich anders entscheiden, rufen Sie mich einfach an.* |
| We could renegotiate later. | *Wir können später nachverhandeln.* |
| Here's my card. Call me any time. | *Hier ist meine Karte. Rufen Sie mich jederzeit an.* |

## 25 Reaching agreement

Hören Sie, wie zwei Händler in einer Verhandlung einzelne Punkte bestätigen.
Finden Sie heraus, ob sie sich über Transport und Zahlung bereits geeinigt haben.
H'in = Händlerin, H'er = Händler

| | | | |
|---|---|---|---|
| H'in | So, we'll send you 30 units by air and 50 by sea. Are we agreed? | *H'in* | *Wir schicken Ihnen also 30 Stück per Luftfracht und 50 per Schiff. Einverstanden?* |
| H'er | Agreed. | *H'er* | *Einverstanden.* |
| H'in | And you'll pay – let's see, you'll pay a 50% deposit. | *H'in* | *Und Sie zahlen – lassen Sie mal sehen – Sie machen eine Anzahlung von 50%.* |
| H'er | By all means. | *H'er* | *Selbstverständlich.* |
| H'in | So that's settled. | *H'in* | *Das wäre also entschieden.* |

Haben sie sich bereits über Transport und Zahlung geeinigt?
Ja, sie haben sich über beides geeinigt.

## 26 Phrase Bank

| | |
|---|---|
| Are we agreed? | *Einverstanden?* |
| Agreed. | *Einverstanden.* |
| Can we agree on that? | *Können wir uns darauf einigen?* |
| So that's settled. | *Das wäre also entschieden.* |

## 27 Closing a deal

Frau Gabler und Mr Jordan haben ihre Verhandlung erfolgreich abgeschlossen.
Finden Sie heraus, wem zwei Kopien des Vertrags geschickt werden – Frau Gabler oder Mr Jordan?
G = Frau Gabler, J = Mr Jordan

| | | | |
|---|---|---|---|
| G | Right, Mr Jordan. I'll draw up the contract and send you two copies for signing. | G | *In Ordnung , Mr Jordan. Ich werde den Vertrag aufsetzen und Ihnen zwei Kopien zum Unterzeichnen zuschicken.* |
| J | Very good. Thanks for your co-operation, Frau Gabler. | J | *Sehr gut. Vielen Dank für die gute Zusammenarbeit, Frau Gabler.* |
| G | It's been a pleasure to do business with you. And, um – just give me a call if I can be of further help, OK? | G | *Es war mir ein Vergnügen, mit Ihnen Geschäfte zu machen. Und, ähm – rufen Sie mich einfach an, wenn ich Ihnen weiter helfen kann, in Ordnung?* |
| J | I certainly will. Or I'll email you. | J | *(Das tue ich) Bestimmt. Oder ich schicke Ihnen eine E-Mail.* |

Wem werden zwei Kopien des Vertrags geschickt – Frau Gabler oder Mr Jordan?
Mr Jordan.

## 28 Phrase Bank

| | |
|---|---|
| I'll draw up the contract. | *Ich werde den Vertrag aufsetzen.* |
| Thanks for your co-operation. | *Vielen Dank für die gute Zusammenarbeit.* |
| It's been a pleasure to do business with you. | *Es war (mir) ein Vergnügen, mit Ihnen Geschäfte zu machen.* |
| I'm looking forward to doing business with you again. | *Ich freue mich darauf, wieder mit Ihnen Geschäfte zu machen.* |
| Just give me a call if I can be of further help. | *Rufen Sie mich einfach an, wenn ich Ihnen weiterhelfen kann.* |

# Dialoge mit Rollenspielen

Nehmen Sie nun selbst an Gesprächen teil! Sie können dabei die eben gelernten Ausdrücke und Redewendungen anwenden. Ein englischer Sprecher gibt Ihnen jeweils an, was Sie sagen sollen. Sprechen Sie direkt nach dem Signalton. Im Anschluss folgt dann eine mögliche Lösung, die Sie mit Ihrer vergleichen können.

## 29+30 Meeting & Getting started

Frau Burckhardt arbeitet für eine Modedesignfirma in Berlin. Übernehmen Sie ihre Rolle im Gespräch mit einem britischen Kunden, der sie besucht.
M = Tom Marriott, B = Frau Burckhardt

M Hullo, Frau Burckhardt. May I introduce myself? I'm Tom Marriott of Marriott & Green.
*(Greet him – you're glad he could come.)*
B Ah, hullo, Mr Marriott. I'm glad you could come.
M Thank you. It's nice to be in Berlin again.
*(Ask him if he had a good trip.)*
B Did you have a good trip?
M Oh, yes. I came from Hanover today. Not a huge journey.
*(Tell him if he's ready, you could start straight away.)*
B If you're ready, we can start straight away.
M Yes. Let's get down to business.
*(Ask him if you could first discuss the general terms of agreement you proposed.)*
B Could we first discuss the general terms of agreement we proposed?

*M Hallo, Frau Burckhardt. Darf ich mich vorstellen? Ich bin Tom Marriott von Marriott & Green.*
*(Begrüßen Sie ihn – Sie sind froh, dass er kommen konnte.)*
*B Ah, hallo, Mr Marriott. Ich freue mich, dass Sie kommen konnten.*
*M Danke. Es ist schön, wieder in Berlin zu sein.*
*(Fragen Sie ihn, ob er eine gute Reise gehabt hat.)*
*B Hatten Sie eine gute Reise?*
*M Oh, ja. Ich bin heute aus Hannover angereist. Keine lange Reise.*
*(Sagen Sie ihm, dass sie sofort anfangen können, wenn er bereit ist.)*
*B Wenn Sie bereit sind, können wir sofort anfangen.*
*M Ja. Lassen Sie uns zum Geschäftlichen kommen.*
*(Fragen Sie ihn, ob sie als Erstes über die allgemeinen Vertragsbedingungen, die Sie vorgeschlagen haben, diskutieren könnten.)*
*B Könnten wir als Erstes über die allgemeinen Vertragsbedingungen diskutieren, die wir vorgeschlagen haben?*

## 31+32 Listening to the other speaker's point-of-view & Asking for something to be explained

Sie sind Frau Schmeissing und arbeiten für einen Spielzeughersteller. Sprechen Sie mit Mrs Donagon, einer Ihrer Kundinnen in Irland.
D = Mrs Donagon, S = Frau Schmeissing

D We like your toasters very much, Frau Schmeissing. But you know we have internal safety standards.

*D Ihre Toaster gefallen uns sehr, Frau Schmeissing. Aber Sie wissen, dass wir interne Sicherheitsstandards haben.*

*(Ask her exactly what she means by „internal safety standards".)*

S What exactly do you mean by „internal safety standards"?

D These are standards over and above the EU standards. We're very concerned about safety standards.

*(Tell her you can appreciate that.)*

S I can appreciate that.

D And you've tested your toasters against our company standards?

*(You don't follow Mrs Donagon.)*

S I'm afraid I don't follow you, Mrs Donagon.

D Well, we do prefer the goods to be tested against our own standards. So we can be quite sure of their safety, you know?

*(You can see her point, but all of your goods have the highest safety standards)*

S Oh, I can see your point, but all of our goods have the highest safety standards.

*(Fragen Sie, was sie genau mit „internen Sicherheitsstandards" meint.)*

*S Was genau meinen Sie mit „internen Sicherheitsstandards"?*

*D Das sind Standards, die über die EU-Standards hinausgehen. Die Sicherheitsstandards sind uns ein großes Anliegen.*

*(Sagen Sie sie, dass Sie das verstehen können.)*

*S Ich verstehe das.*

*D Und Sie haben Ihre Toaster nach unseren Firmenstandards getestet?*

*(Sie können Mrs Donagon nicht folgen.)*

*S Tut mir leid, ich kann Ihnen nicht folgen, Mrs Donagon.*

*D Nun, wir ziehen es wirklich vor, die Waren nach unseren eigenen Standards zu testen. So dass wir uns völlig auf ihre Sicherheit verlassen können, wissen Sie?*

*(Das können Sie verstehen, aber alle Ihre Waren entsprechen den höchsten Sicherheitsstandards.)*

*S Oh, das kann ich verstehen, aber alle unsere Waren entsprechen den höchsten Sicherheitsstandards.*

## 33+34 Working step-by-step & Making suggestions

Übernehmen Sie die Rolle von Herrn Reinhard, der mit Madame Pointevin, einer französischen Kundin, für seine Weinimport-Firma verhandelt.
P = Madame Pointevin, R = Herr Reinhard

P What's the next step, Herr Reinhard?

(Tell her you should go on to the new sales figures.)

R We should go on to the new sales figures.

P Ah, I suggest you email those figures to me, Herr Reinhard. You see, I'd like some time to study them first.

(Tell Madame Pointevin you'll email them today. Suggest discussing the Lyon conference next.)

R I'll email them today, Madame Pointevin. So we could discuss the Lyon conference next.

*P Was ist der nächste Schritt, Herr Reinhard?*

*(Sagen Sie ihr, dass sie mit den neuen Absatzzahlen weitermachen sollten.)*

*R Wir sollten mit den neuen Absatzzahlen weitermachen.*

*P Äh, ich schlage vor, Sie schicken mir diese Zahlen zu, Herr Reinhard. Sehen Sie, ich hätte gerne etwas Zeit, sie anzusehen.*

*(Sagen Sie Madame Pointevin, dass Sie sie heute per E-Mail schicken werden. Schlagen Sie vor, als Nächstes die Konferenz in Lyon zu besprechen.)*

*R Ich schicke sie heute per E-Mail, Madame Pointevin. Wir könnten als Nächstes die Konferenz in Lyon besprechen.*

P Ah, yes. Now, as you know, Herr Reinhard, we'd like you to do a presentation in Lyon.

*(Tell her you'd be happy to. Ask: if you came, would her company be willing to share the travel and hotel expenses with yours?)*

R I'd be happy to. But if I came, would your company be willing to share the travel and hotel expenses with mine?

P Oh, yes, of course. 50-50.

*(Thank her. And explain that you've already written a possible outline for the presentation. Ask her if she'd like to look at it.)*

R Thank you. Well, I've already written a possible outline for the presentation. Would you like to have a look at it?

P Very much, Herr Reinhard. Thank you.

*(Suggest you look at the items you still have to cover.)*

R Right. Let's look at the items we still have to cover.

*P Ah, ja. Nun, wie Sie wissen, Herr Reinhard, hätten wir gerne, dass Sie in Lyon eine Präsentation machen.*

*(Sagen Sie ihr, dass Sie dies gerne tun würden. Fragen Sie, ob ihre Firma bereit wäre, sich die Reise- und Hotelkosten mit Ihrer (Firma) zu teilen, wenn Sie kommen würden.)*

*R Das würde ich gern tun. Aber, wenn ich kommen würde, wäre Ihre Firma bereit, sich die Reise- und Hotelkosten mit meiner (Firma) zu teilen?*

*P Oh, ja, natürlich. Zur Hälfte.*

*(Danken Sie ihr. Und erklären Sie, dass Sie bereits einen möglichen Plan für die Präsentation geschrieben haben. Fragen Sie sie, ob sie ihn sehen möchte.)*

*R Danke. Ich habe schon einen möglichen Plan für die Präsentation geschrieben. Möchten Sie ihn sehen?*

*P Sehr gern, Herr Reinhard. Danke.*

*(Schlagen Sie vor, die noch zu bearbeitenden Themen durchzugehen.)*

*R Lassen Sie uns die Themen ansehen, die wir noch zu bearbeiten haben.*

## 35+36 Stating conditions & Seeking a concession

Ein deutscher Einkäufer hat ein Angebot von einem Zulieferer in Spanien erhalten. Übernehmen Sie die Rolle des Einkäufers.
Z = Zulieferer, E = Einkäufer

Z If you buy 10 units of Supremo now, we'll charge the old catalogue price.

*(Ask if he could keep the offer open until the end of March.)*

E Could you keep that offer open until the end of March?

Z I'm sorry, but we have to sell all our stock by the end of February.

*(Unfortunately, you can't store 10 units.)*

E Unfortunately, we can't store 10 units.

Z You mean you don't have storage space?

*(Confirm this and explain that your new warehouse won't be ready till late March.)*

*Z Wenn Sie jetzt 10 (Stück) Supremo kaufen, berechnen wir Ihnen den alten Katalogpreis.*

*(Fragen Sie, ob er das Angebot bis Ende März aufrecht erhalten kann.)*

*E Können Sie das Angebot bis Ende März aufrecht erhalten?*

*Z Es tut mir Leid, aber wir müssen all unsere Bestände bis Ende Februar verkaufen.*

*(Leider können Sie keine 10 Stück lagern.)*

*E Leider können wir keine 10 Stück lagern.*

*Z Sie meinen, Sie haben keinen Lagerraum?*

*(Bestätigen Sie dies und erklären Sie, dass Ihr neues Lagerhaus nicht vor Ende März fertig sein wird.)*

E That's right. You see, our new warehouse won't be ready till late March.

Z I'm sorry to say we have a storage problem too. We've got to move all the stock out by the end of February.

*(Offer to order 5 units at the old price – on condition that he provides temporary storage.)*

E Look, I'm willing to order 5 units at the old price – on condition that you provide temporary storage.

Z 5 units. Well, we'd have to insist on payment in advance.

*(Tell him you're sure you can work something out. You'll speak to your colleagues and call him back.)*

E I'm sure we can work something out. Look, I'll speak to my colleagues and call you back.

Z Fine. I'm looking forward to hearing from you.

*E Das ist richtig. Sehen Sie, unser neues Lagerhaus wird nicht vor Ende März fertig sein.*

*Z Es tut mir Leid, Ihnen sagen zu müssen, dass wir auch ein Lagerproblem haben. Wir müssen den gesamten Bestand bis Ende Febraur ausräumen.*

(Bieten Sie an, 5 Modelle zum alten Preis zu bestellen – unter der Bedingung, dass er sie vorübergehend lagert.)

*E Sehen Sie, ich bin bereit, 5 Modelle zum alten Preis zu bestellen – unter der Bedingung, dass Sie sie vorübergehend auf Lager nehmen.*

*Z 5 Stück. Wir müssten auf einer Vorauszahlung bestehen.*

*(Sagen Sie ihm, Sie sind sicher, dass sie sich einigen können. Sie werden mit Ihren Kollegen sprechen und ihn zurückrufen.)*

*E Ich bin sicher, dass wir uns einigen können. Ich spreche mit meinen Kollegen und rufe Sie zurück.*

*Z Prima. Ich freue mich, von Ihnen zu hören.*

## 37+38 Avoiding confrontation & Expressing optimism

Frau Kroll arbeitet für einen deutschen Hersteller von Büromaterial. Übernehmen Sie ihre Rolle in einer Verhandlung mit Senhor Cabral, einem Kunden aus Portugal.
C = Senhor Cabral, K = Frau Kroll

C Frau Kroll, we'd like to ask you for a longer repayment time for the goods we buy from you.

*(But he agreed to make monthly payments over 6 months.)*

K But you agreed to make monthly payments over 6 months.

C Right.

*(Tell Senhor Cabral you're sorry, but a longer repayment time is out of the question.)*

K I'm sorry, Senhor Cabral, but a longer repayment time is out of the question.

C We should be able to come to terms, Frau Kroll. If you agreed, we'd be able to give you more orders in the future.

*C Frau Kroll, wir möchten Sie bitten, uns eine längere Rückzahlungsfrist für die Waren, die wir von Ihnen kaufen, zu gewähren.*

*(Sagen Sie, dass er aber zugestimmt hatte, monatliche Zahlungen über 6 Monate vorzunehmen.)*

*K Sie hatten aber zugestimmt, monatliche Zahlungen über 6 Monate vorzunehmen.*

*C Richtig.*

*(Sagen Sie Senhor Cabral, dass es Ihnen leid tut, aber eine längere Rückzahlunsgfrist kommt nicht in Frage.)*

*K Es tut mir leid, Senhor Cabral, aber eine längere Rückzahlunsgfrist kömmt nicht in Frage.*

*C Es müsste uns möglich sein, eine Einigung zu erzielen, Frau Kroll. Wenn Sie zustimmmen, könnten wir in Zukunft weitere Bestellungen bei Ihnen aufgeben.*

*(Tell Senhor Cabral you're not sure whether that's realistic. As he knows, they're already two payments behind.)*

K I'm not sure whether that's realistic, Senhor Cabral. As you know, you're already two payments behind.

C But we discussed this in September, Frau Kroll. We had a cashflow problem, and you agreed to accept those late payments.

*(You're sure you can meet Senhor Cabral halfway on this.)*

K Look, I'm sure we can meet you halfway on this, Senhor Cabral.

C Excellent.

*(You'll agree to his request on condition that he pays the late payments first.)*

K We'll agree to your request on condition that you pay the late payments first.

C Ah, splendid! So you do agree. I was sure we could work something out, Frau Kroll.

*(Tell him that perhaps you didn't explain clearly enough. You must have those late payments first.)*

K Perhaps I didn't explain clearly enough, Senhor Cabral. We must have those late payments first.

*(Sagen Sie Senhor Cabral, dass Sie sich nicht sicher sind, ob dies realistisch ist. Wie er selbst weiß, ist er bereits 2 Ratenzahlungen im Rückstand.)*

*K Ich bin mir nicht sicher, ob das realistisch ist, Senhor Cabral. Wie Sie wissen, sind Sie bereits 2 Ratenzahlungen im Rückstand.*

*C Aber wir haben das im September doch besprochen, Frau Kroll. Wir hatten Liquiditätsprobleme und Sie hatten zugestimmt, diese verspäteten Zahlungen zu akzeptieren.*

*(Sie sind sicher, dass Sie ihm auf halbem Wege entgegenkommen können.)*

*K Sehen Sie, ich bin sicher, dass wir Ihnen auf halbem Wege entgegenkommen können, Senhor Cabral.*

*C Ausgezeichnet.*

*(Sie erfüllen seinen Wunsch unter der Bedingung, dass er zuerst die verspäteten Zahlungen begleicht.)*

*K Wir erfüllen Ihren Wunsch unter der Bedingung, dass Sie zuerst die verspäteten Zahlungen begleichen.*

*C Ah, ausgezeichnet! Also stimmen Sie doch zu. Ich wusste, dass wir uns einigen können, Frau Kroll.*

*(Sagen Sie ihm, dass Sie sich vielleicht nicht klar genug ausgedrückt haben. Sie müssen zuerst diese rückständigen Zahlungen haben.)*

*K Vielleicht habe ich mich nicht klar genug ausgedrückt, Senhor Cabral. Zuerst müssen wir diese rückständigen Zahlungen haben.*

## 39+40 Playing for time & Leaving the door open

Zwei Firmen – eine in Deutschland, eine in Italien – kooperieren mit gegenseitiger Werbung für Ihre Dienstleistungen. Übernehmen Sie Herrn Pfalzgrafs Rolle in dieser Verhandlung zwischen den beiden Firmen.

F = Firmenvertreter, P = Herr Pfalzgraf

F Under the present agreement, Herr Pfalzgraf, we advertise each other's names on our websites, ...

*(Mention the links to each other's homepage: Say you're pleased with this co-operation.)*

*F Unter der gegenwärtigen Vereinbarung, Herr Pfalzgraf, werben wir gegenseitig mit unseren Namen in unseren Webauftritten.*

*(Erwähnen Sie die gegenseitigen Links zu ihren Einstiegsseiten. Sagen Sie, dass Sie mit dieser Zusammenarbeit zufrieden sind.)*

P With links to each other's homepage. Yes, we're pleased with this co-operation.

F We are too. Could we come to a similar agreement on our letter headings?

*(Explain that you'll have to get back to him on that.)*

P I'll have to get back to you on that.

F At the moment, you have the logos of two partner companies on your letters – but not our logo. You could add ours in your next version, couldn't you?

*(You're afraid you can't decide on this just at the moment.)*

P I'm afraid I can't decide on this just at the moment.

F I mean, we'd do the same – we'll add your logo to our letter headings.

*(Tell him that's certainly an interesting idea. But you'll have to review your options first.)*

P That's certainly an interesting idea. But we'll have to review our options first ...

F Of course.

*(And point out that he and you could renegotiate later.)*

P And you and I could renegotiate later.

*P Mit Links zu unseren Einstiegsseiten. Ja, wir sind mit dieser Zusammenarbeit zufrieden.*

*F Wir auch. Könnten wir für unsere Briefköpfe eine ähnliche Vereinbarung treffen?*

*(Erklären Sie, dass Sie sich deswegen noch einmal bei ihm melden müssen.)*

*P Ich muss mich deswegen nochmal bei Ihnen melden.*

*F Im Moment haben Sie die zwei Logos Ihrer zwei Partnerfirmen auf Ihren Briefen – aber nicht unser Logo. Sie könnten unseres in Ihrer nächsten Version hinzufügen, nicht wahr?*

*(Es tut Ihnen leid, dass Sie das im Moment nicht entscheiden können.)*

*P Es tut mir leid, aber das kann ich im Moment nicht entscheiden.*

*F Ich meine, wir würden das Gleiche tun – wir fügen Ihr Logo in unsere Briefköpfe ein.*

*(Sagen Sie ihm, dass das sicherlich eine interessante Idee ist. Aber Sie müssen zuerst prüfen, was möglich ist.)*

*P Das ist sicherlich eine interessante Idee. Aber wir müssen zuerst prüfen, was möglich ist ...*

*F Natürlich.*

*(Und weisen Sie darauf hin, dass er und Sie später nachverhandeln könnten. )*

*P Und wir könnten später nachverhandeln.*

## 41+42 Reaching agreement & Closing a deal

Sie arbeiten für eine Firma in Dortmund. Nehmen Sie an folgendem Gespräch mit einem Ihrer Kunden in Dänemark teil.

K = Kunde, F = Firmenvertreter

K I'm calling about the offer you made yesterday. The aluminium frames. We'd like to accept!

*(Thank him and check that they'll take 10 dozen for a total of €700.)*

F Good. Thank you very much. So you'll take 10 dozen for a total of €700.

K Agreed.

*(Suggest that you despatch them tomorrow and the client pays by letter of credit. Can you and the client agree on that?)*

*K Ich rufe wegen Ihres Angebots von gestern an. Die Aluminiumrahmen. Wir würden es gerne annehmen!*

*(Danken Sie ihm und fragen Sie nach, ob sie 10 Dutzend für insgesamt €700 nehmen werden.)*

*F Gut. Vielen Dank. Sie nehmen also 10 Dutzend für insgesamt €700.*

*K Einverstanden.*

*(Schlagen Sie vor, dass Sie sie morgen abschicken und der Kunde mit einem Akkreditiv bezahlt. Können Sie und der Kunde sich darauf einigen?)*

F Right. I suggest I despatch them tomorrow and you pay by letter of credit. Can we agree on that?

K By all means!

*(Point out that that's settled and say that you'll draw up the contract.)*

F So that's settled. I'll draw up the contract.

K Thank you very much.

*(Thank him for his co-operation)*

F Thanks for your co-operation.

K Not at all. It's been a pleasure to do business with you.

*F Ich schlage vor, ich schicke sie morgen ab und Sie bezahlen mit einem Akkreditiv. Können wir uns darauf einigen?*

*K Selbstverständlich!*

*(Weisen Sie darauf hin, dass das nun geklärt sei und sagen Sie, dass Sie den Vertrag aufsetzen werden.)*

*F Das wäre also geklärt. Ich werde den Vertrag aufsetzen.*

*K Vielen Dank.*

*(Danken Sie ihm für seine Zusammenarbeit.)*

*F Vielen Dank für Ihre Zusammenarbeit.*

*K Keine Ursache. Es war (mir) ein Vergnügen, mit Ihnen Geschäfte zu machen.*

## 43 Abschlusstest

Sehr gut – Sie haben den Kurs absolviert und nun bleibt Ihnen nur noch eines übrig: Ihr Können in einem Abschlusstest zu überprüfen. Sie hören 15 Anweisungen, anhand derer Sie die Sätze vervollständigen sollen, der Beginn ist jeweils vorgegeben. Sprechen Sie nach dem Signalzeichen und hören Sie danach den vollständigen Satz zur Kontrolle. Wenn Sie die vollständige Antwort richtig gesprochen haben – oder eine ähnliche Antwort mit gleicher Bedeutung – erhalten Sie jeweils einen Punkt.
Ermitteln Sie so Ihre Gesamtpunktzahl. Good luck!

*(Use a suitable expression to close a deal with your customer.)*

▸ Begin: It's been a pleasure ...
It's been a pleasure to do business with you.

*(Benutzen Sie einen passenden Ausdruck, um ein Geschäft mit Ihrem Kunden abzuschließen.)*

▸ Beginnen Sie: Es war mir ein Vergnügen ...
Es war mir ein Vergnügen, mit Ihnen Geschäfte zu machen.

*(Tell your customer she can have a discount if she orders 10 units.)*

▸ Begin: We'll grant that discount on condition that...
We'll grant that discount on condition that you order 10 units.

*(Sagen Sie Ihrer Kundin, dass sie einen Rabatt erhält, wenn sie 10 Stück bestellt.)*

▸ Beginnen Sie: Wir gewähren Ihnen diesen Rabatt unter der Bedingung ...
Wir gewähren Ihnen diesen Rabatt unter der Bedingung, dass Sie 10 Stück bestellen.

*(Your customer wants to pay in July, but you want payment by June. Insist.)*

▸ Begin: I'm sorry, but we'd have to ...

I'm sorry, but we'd have to insist on payment by June.

*(Ihr Kunde möchte im Juli bezahlen, aber Sie möchten die Zahlung bis Juni. Bestehen Sie darauf.)*

▸ Beginnen Sie: Es tut mir leid, aber wir müssen ...

Es tut mir leid, aber wir müssen auf der Zahlung bis Juni bestehen.

*(Tell your customer you can satisfy her request only with payment in advance.)*

▸ Begin: We could agree to that, but ...

We could agree to that, but only with payment in advance.

*(Sagen Sie Ihrer Kundin, dass Sie ihren Wunsch nur mit einer Vorauszahlung erfüllen können.)*

▸ Beginnen Sie: Wir könnten dem zustimmen, aber ...

Wir könnten dem zustimmen, aber nur mit einer Vorauszahlung.

*(Your customer has asked for too high a price. Express this.)*

▸ Begin: Sorry, but that's out ...

Sorry, but that's out of the question.

*(Ihr Kunde hat einen zu hohen Preis verlangt. Drücken Sie dies aus.)*

▸ Beginnen Sie: Entschuldigen Sie, aber das kommt nicht ...

Entschuldigen Sie, aber das kommt nicht in Frage.

*(You don't think your customer's idea is realistic. Tell him.)*

▸ Begin: I'm not sure ....

I'm not sure whether that's realistic.

*(Sie glauben nicht, dass die Idee Ihres Kunden realistisch ist. Sagen Sie es ihm.)*

▸ Beginnen Sie: Ich bin mir nicht sicher, ob ...

Ich bin mir nicht sicher, ob das realistisch ist.

*(You don't want to decide on your partner's suggestion yet. Express this.)*

▸ Begin: We'll have to review ...

We'll have to review our options.

*(Sie wollen noch keine Entscheidung zum Vorschlag Ihres Partners treffen. Drücken Sie dies aus.)*

▸ Beginnen Sie: Wir müssen zuerst prüfen ...

Wir müssen zuerst prüfen, was möglich ist.

*(You want your partner to rephrase what she has just said.)*

▸ Begin: Can you put ...

Can you put it differently?

*(Sie möchten, dass Ihre Partnerin mit anderen Worten wiederholt, was sie gerade gesagt hat.)*

▸ Beginnen Sie: Könnten Sie ... ?

Könnten Sie das mit anderen Worten wiederholen?

*(You want your partner's offer to remain open for another 10 days.)*

▸ Begin: Could you keep ... ?

Could you keep that offer open for another ten days?

*(Sie möchten, dass Ihr Partner sein Angebot für weitere 10 Tage aufrecht erhält.)*

▸ Beginnen Sie: Könnten Sie ... aufrecht erhalten?

Könnten Sie das Angebot noch 10 Tage aufrecht erhalten?

*(Your partner has used the expression „sustainable development". Find out what he means.)*

▸ Begin: What exactly do ... ?

What exactly do you mean by „sustainable development"?

*(Ihr Partner hat den Ausdruck „nachhaltige Entwicklung" benutzt. Finden Sie heraus, was er damit meint.)*

▸ Beginnen Sie: Was genau ... ?

Was genau meinen Sie mit „nachhaltiger Entwicklung"?

*(Ask your partner to call you if he has second thoughts about your offer.)*
- Begin: If you change ...
  If you change your mind, please call me.

*(Bitten Sie Ihren Partner, Sie anzurufen, falls er seine Meinung zu Ihrem Angebot ändert.)*
- Beginnen Sie: Wenn Sie ... ändern, ...
  Wenn Sie sich anders entscheiden, rufen Sie mich bitte an.

*(Suggest that your customer pays now and you deliver next week.)*
- Begin: Can we agree ... ?

  Can we agree that you pay now and we deliver next week?

*(Schlagen Sie vor, dass Ihr Kunde jetzt bezahlt und Sie nächste Woche liefern.)*
- Beginnen Sie: Können wir uns darauf einigen ... ?
  Können wir uns darauf einigen, dass Sie jetzt bezahlen und wir nächste Woche liefern?

*(Invite a potential customer to place a trial order.)*
- Begin: Would you ... ?
  Would you like to place a trial order?

*(Bieten Sie einem potenziellen Kunden an, eine Probebestellung aufzugeben.)*
- Beginnen Sie: Würden Sie ... ?
  Würden Sie gern eine Probebestellung aufgeben?

*(Suggest that you'll pay half the packaging costs, if your customer pays the other half.)*
- Begin: I suggest we split ...
  I suggest we split the packaging costs 50-50.

*(Schlagen Sie vor, dass Sie die Hälfte der Verpackungskosten bezahlen, wenn Ihr Kunde die andere Hälfte bezahlt.)*
- Beginnen Sie: Ich schlage vor, wir teilen ...
  Ich schlage vor, wir teilen uns die Verpackungskosten zur Hälfte.

*(Show that you're willing to make a compromise with your customer.)*
- Begin: I'm sure we can meet you ...

  I'm sure we can meet you halfway on this.

*(Zeigen Sie, dass sie bereit sind, einen Kompromiss mit Ihrem Kunden einzugehen.)*
- Beginnen Sie: Ich bin sicher, wir können Ihnen ... entgegenkommen.
  Ich bin sicher, wir können Ihnen auf halbem Wege entgegenkommen.

Wie haben Sie abgeschnitten? Wenn Sie zwischen 13 und 15 Punkte erzielt haben, können Sie ausgezeichnet Verhandlungen führen. Wenn Ihr Ergebnis zwischen 9 und 12 Punkten liegt, sollten Sie sich Ihre **Professionell Verhandeln**-CD ein zweites Mal anhören und danach den Test noch einmal machen. Haben Sie weniger als 9 Punkte erzielt? Dann sollten Sie den Kurs wirklich noch einmal durcharbeiten! Denken Sie daran: Übung macht den Meister! Sie schaffen es! Wir wünschen Ihnen viel Erfolg beim Verhandeln! Good luck!

Wenn Sie den Test erfolgreich abgeschlossen haben, haben Sie nun die Möglichkeit Ihr Hörverständnis mit zusätzlichen Dialogen zu trainieren.

# Listening Review

Wenn Sie den Test erfolgreich abgeschlossen haben, haben Sie nun die Möglichkeit, Ihr Hörverständnis mit zusätzlichen Dialogen zu trainieren.

## 44 Arranging a meeting

Sp A =Speaker A, Sp B = Speaker B

Sp A ... so that's how it stands now. We've adapted the model to your specifications. And we'd very much like to demostrate it to you now.

Sp B Good.

Sp A And since you might wish to include this model in next year's catalogue, we suggest we have that meeting as soon as possible.

Sp B Agreed.

Sp A Mr Macey will be coming with me again. He's in charge of our scheduling and accounts, as you know.

Sp B Fine. And I'll arrange for our Herr Fröhlich to take part again.

Sp A Excellent. Now Mr Macey and I could fly to Hamburg – well, on any day, really. Oh, er – would you be willing to share our travel and hotel costs again, on a 50-50 basis?

Sp B Oh, certainly.

Sp A Thank you. Now, I think we can assume the meeting will take about two hours, as it did last time. And assuming we agree on the new model, we should use part of the time to discuss production scheduling and costs.

Sp B Right.

Sp A So, it's really a matter, now, of fixing a suitable time and date. As I said, we can make it at almost any time. So perhaps you could suggest ...

## Ein Treffen vereinbaren

Sp A =Sprecher A, Sp B = Sprecher B

*Sp A ... das wäre also der Stand der Dinge. Wir haben das Modell nach Ihren genauen Angaben angepasst. Und wir würden es Ihnen jetzt sehr gern vorführen.*

*Sp B Gut.*

*Sp A Und da Sie das Modell möglicherweise nächstes Jahr in Ihren Katalog aufnehmen, schlagen wir vor, dieses Treffen so bald wie möglich anzusetzen.*

*Sp B Einverstanden.*

*Sp A Mr Macey wird mich wieder begleiten. Wie Sie wissen, ist er für unsere Zeitplanung und Buchhaltung zuständig.*

*Sp B Gut. Und ich werde dafür sorgen, dass unser Herr Fröhlich wieder teilnehmen kann.*

*Sp A Ausgezeichnet. Mr Macey und ich könnten dann – eigentlich an jedem beliebigen Tag – nach Hamburg fliegen. Oh, äh – wären Sie bereit, unsere Reise- und Hotelkosten wieder mit uns zu teilen – zur Hälfte?*

*Sp B Oh, natürlich.*

*Sp A Danke. Nun, ich denke, wir können davon ausgehen, dass das Treffen, wie beim letzten Mal, ungefähr 2 Stunden dauern wird. Und, vorausgesetzt wir einigen uns über das neue Modell, sollten wir einen Teil der Zeit darauf verwenden, den Zeitplan für die Produktion und die Kosten zu besprechen.*

*Sp B In Ordnung.*

*Sp A Dann geht es jetzt also nur noch darum, einen passenden Termin festzulegen. Wie ich schon sagte, können wir es fast jederzeit einrichten. Also könnten Sie vielleicht einen Vorschlag machen ...*

## 45 Handing out a brochure

S = Seller, C = Customer

S Right, let me give you our brochure. It illustrates our whole range. Let me just show you – the particular goods you're interested in are on pages 18 to 20.

C Thank you, but I'll need at least a week to discuss with my colleagues what we need.

S Take your time. And if you'd like to have any of these products on a trial basis ...

C Yes, We'd certainly be interested in that. But I can't tell you anything definite yet, I'm afraid.

S All right. Our terms of delivery and payment are all listed here, on page 3.

C OK.

S And you'll be in touch with me before the end of the month, you said.

## Einen Katalog aushändigen

*V = Verkäufer, K = Kunde*

*V In Ordnung, ich möchte Ihnen unseren Katalog geben. Er enthält unser gesamtes Angebot. Darf ich es Ihnen kurz zeigen – die speziellen Produkte, an denen Sie interessiert sind, sind auf den Seiten 18 bis 20.*

*K Danke, aber ich brauche mindestens eine Woche, um mit meinen Kollegen zu besprechen, was wir benötigen.*

*V Lassen Sie sich Zeit. Und wenn Sie irgendwelche dieser Produkte zur Probe haben möchten ...*

*K Ja. Daran wären wir bestimmt interessiert. Es tut mir leid, aber ich kann Ihnen noch nichts Konkretes sagen.*

*V In Ordnung. Unsere Liefer- und Zahlungsbedingungen sind alle hier auf Seite 3 aufgeführt.*

*K OK.*

*V Und Sie sagten, Sie melden sich bei mir vor Ende des Monats.*

## 46 Discussing numbers

S = Seller, C = Customer

S ... and if you order another batch within three months, we can grant you a discount of five per cent. You'd save up to seventy pounds.

C Yes, but how fast can you deliver? I mean ...

S Oh, we can normally deliver within five days. By special delivery, much less. That's from our German base in Bremen.

C And would that cost extra?

S Yes, for special deliveries, we do charge an extra eight pounds fifty per case.

C So, when would it actually arrive – by special delivery, I mean?

S Well, we'll have it in Regensburg in twenty-four hours.

C Right. So, purchase price. Plus special delivery. What's the bottom line going to be? For two cases?

## Über Zahlen sprechen

*V = Verkäufer, K = Kunde*

*V ... und wenn Sie innerhalb von drei Monaten eine weitere Ladung bestellen, können wir Ihnen einen 5%-igen Rabatt gewähren. Sie würden bis zu siebzig Pfund sparen.*

*K Ja, aber wie schnell können Sie liefern? Ich meine ...*

*V Oh, wir können normalerweise innerhalb von fünf Tagen liefern. Und per Sonderlieferung viel schneller. Das käme von unserer deutschen Niederlassung in Bremen.*

*K Und würde das mehr kosten?*

*V Ja, für Sonderlieferungen berechnen wir zusätzlich acht Pfund fünfzig pro Kiste.*

*K Wann würde es tatsächlich ankommen – ich meine, per Sonderlieferung?*

*V Es wäre in vierundzwanzig Stunden in Regensburg.*

*K In Ordnung. Also, Einkaufspreis. Plus Sonderlieferung. Wie viel wird das unterm Strich? Für zwei Kisten?*

## 47 Saying goodbye

A = Speaker A, B = Speaker B

A Well, thank you for coming. It was nice seeing you again.
B Oh, I've enjoyed it – and we've made some progress, haven't we?
A Indeed we have. There are still a few points to sort out. But I'll be in contact with you about those after I've spoken with Mr Duell.
B Fine.
A So, have a good journey. And we'll meet again in Leipzig.
B OK. And give my regards to Mr Duell.
A I certainly will – as soon as he gets back from America.
B Right, see you again then. Goodbye.
A Goodbye.

## Sich verabschieden

*A = Sprecher A, B = Sprecher B*

*A Tja, vielen Dank, dass Sie gekommen sind. Es war schön, Sie wiederzusehen.*
*B Oh, es hat mir gut gefallen – und wir haben Fortschritte gemacht, nicht wahr?*
*A Das haben wir in der Tat. Es gibt immer noch ein paar Fragen zu klären. Aber dazu melde ich mich bei Ihnen, nachdem ich mit Mr Duell gesprochen habe.*
*B Prima.*
*A Also, dann wünsche ich „Gute Reise". Und wir treffen uns in Leipzig wieder.*
*B OK. Und grüßen Sie Mr Duell von mir.*
*A Das tue ich bestimmt – sobald er aus Amerika zurückkommt.*
*B In Ordnung, also bis dann. Auf Wiedersehen.*
*A Auf Wiedersehen.*

## 48 A business arrangement

A = Agent, M = Hotel Manager

A ... so we're looking for a high-class hotel in your country which we could do business with. And my impression is that your hotel is ideal.
M I'm happy to hear that. And we're certainly interested in your proposal.
A Fine. So the idea is: we secure reservations for you from customers in Germany –
M Right.
A – and, as most of those customers will be businesses and companies, they'll want facilities for meetings and conferences and presentations of various kinds.
M I can promise you we have very suitable facilities.
A I'm sure you're right. And the financial terms are clear, I hope? We secure the customers for you and in return we ask for a ten per cent commission on the final price you charge those customers.

## Eine geschäftliche Vereinbarung

*A = Agent, M = Hotel Manager*

*A ... wir suchen also ein erstklassiges Hotel in Ihrem Land für geschäftliche Beziehungen. Und mein Eindruck ist, dass Ihr Hotel geradezu ideal ist.*
*M Es freut mich, das zu hören. Und wir sind bestimmt an Ihrem Angebot interessiert.*
*A Prima. Das Konzept ist also: Wir nehmen feste Reservierungen für Sie von Kunden in Deutschland an ...*
*M Gut.*
*A – und, da die meisten Geschäftskunden und Firmen sein werden, werden sie Einrichtungen für Tagungen und Konferenzen und verschiedene Arten von Präsentationen verlangen.*
*M Ich kann Ihnen versprechen, dass wir sehr geeignete Einrichtungen haben.*
*A Ich glaube Ihnen. Und ich hoffe, die finanziellen Bedingungen sind klar? Wir vermitteln Ihnen Kunden, dafür wir verlangen eine zehn-prozentige Provision auf den Endpreis, den Sie diesen Kunden berechnen.*

M Agreed.
A And you can guarantee a reply by fax within one hour for any enquiry we make, at any time time, concerning vacancies, price and availability of your rooms and facilities?
M Certainly. Our fax and reception staff operate 24 hours a day.
A Splendid. Now could we just run through this checklist, to make sure you have the facilities our customers will be looking for?
M By all means.
A First: do you provide self-dial telephones and fax facilities for your guests?
M Yes, all room guests have a direct external line. And there are fax and Internet services in our business centre.
A Excellent. Now what about conference facilities – like overhead projectors, video recorders, CD and cassette recorders and photocopying?
M Oh, we offer the full range. No difficulties there.
A Good. And do you have a restaurant?
M A first-class restaurant and bar, yes. And a fitness room, too, if you'd like to mention that in your publicity.
A Good. Yes, we certainly will. Now, finally, what about access to the railway station and airport? Could you ...
M Oh, we run a shuttle service to the airport and the station whenever we host a conference. So, again, no difficulties there.

*M Einverstanden.*
*A Und Sie können jederzeit innerhalb einer Stunde eine Antwort per Fax für jede unserer Anfragen garantieren, bezüglich freier Zimmer, Preis und Verfügbarkeit von Zimmern und Einrichtungen?*
*M Natürlich. Unser Fax und die Rezeption sind 24 Stunden mit unseren Mitarbeitern besetzt.*
*A Ausgezeichnet. Könnten wir jetzt gerade einmal die Checkliste durchgehen, um sicherzugehen, dass Sie die Einrichtungen haben, die unsere Kunden suchen?*
*M Selbstverständlich.*
*A Erstens: Stellen Sie Ihren Gästen Telefone mit direkter externer Leitung und Fax-Möglichkeiten zur Verfügung?*
*M Ja, alle Übernachtungsgäste haben eine direkte externe Leitung. Und es gibt einen Fax- und Internet-Service in unserem Business Centre.*
*A Ausgezeichnet. Und wie steht es mit den Konferenzeinrichtungen – wie Overhead-Projektoren, Video-Rekorder, CD- und Kassettenrekorder und Fotokopiermöglichkeiten?*
*M Oh, wir bieten die gesamte Palette an. Da gibt es keine Schwierigkeiten.*
*A Gut. Und haben Sie ein Restaurant?*
*M Ein erstklassiges Restaurant und eine Bar, ja. Und einen Fitness-Raum, falls Sie das in Ihrer Werbung erwähnen möchten.*
*A Gut. Das machen wir bestimmt. Und wie steht es mit Verbindungen zum Bahnhof und zum Flughafen? Könnten Sie ...*
*M Oh, wir betreiben einen Pendelbus zum Flughafen und zum Bahnhof, wann immer wir eine Konferenz beherbergen. Also, auch hier gibt's keine Schwierigkeiten.*

## 49 A complaint

G = Norah Geller, J = Mr Jenkins

G Euroglass. Good afternoon.
J Jenkins Photographics here. Is that Mrs Geller?
G Yes. Norah Geller speaking. Is that you, Mr Jenkins?

## Eine Beschwerde

*G = Norah Geller, J = Mr Jenkins*

*G Euroglass. Guten Tag.*
*J Hier ist Jenkins Photographics. Spreche ich mit Mrs Geller?*
*G Ja, hier ist Norah Geller. Sind Sie das, Mr Jenkins?*

J Yes, Mrs Geller – and I have a question about that instruments consignment.
G Ah, yes. No difficulty, I hope?
J Well, I've just got your invoice – and there's no reference to the five per cent discount we agreed on! Has there been an error?
G Oh, I'm sorry if there has been, Mr Jenkins. You certainly get a discount on that order.
J Right.
G Leave it with me. I'll look into the matter and let you know.
J Yes – by letter, if you please. And there's another thing – the goods still haven't arrived! You said you'd deliver by the 15th of March. That's 10 days ago!
G Yes – again, we do apologize. As I told you last week, the rail strike has caused a lot of difficulty ...
J Look, the terms of the contract are quite clear. If I don't get those goods by the end of next week, I'm afraid I'll have to cancel the order.
G We're certainly doing all we can ...
J As I said, I can give you till the end of next week. If you haven't delivered by then, I'll certainly look for another supplier. And that's that. Goodbye, Mrs Geller.
G Er ... very well. Goodbye, Mr Jenkins.

*J Ja, Mrs Geller – und ich habe eine Frage zu dieser Instrumenten-Lieferung.*
*G Ah, ja. Ich hoffe, es gibt keine Schwierigkeiten?*
*J Nun, wir haben gerade Ihre Rechnung bekommen – und darin wird der fünf-prozentige Rabatt, den wir vereinbart hatten, nicht erwähnt! Wurde da ein Fehler gemacht?*
*G Oh, es täte mir leid, falls das so ist, Mr Jenkins. Sie bekommen bestimmt einen Rabatt auf diese Bestellung.*
*J In Ordnung.*
*G Überlassen Sie das mir. Ich kümmere mich darum und sage Ihnen Bescheid.*
*J Ja – per Brief, bitte. Und da wäre noch etwas – die Waren sind immer noch nicht angekommen! Sie sagten, Sie würden bis zum 15. März liefern. Das war vor 10 Tagen!*
*G Ja – wir müssen uns auch hier entschuldigen. Wie ich Ihnen letzte Woche gesagt hatte, hat uns der Bahnstreik eine Menge Schwierigkeiten bereitet ...*
*J Sehen Sie, die Vertragsbedingungen sind ganz klar. Wenn ich diese Waren nicht bis Ende nächster Woche bekomme, muss ich die Bestellung leider stornieren.*
*G Wir tun bestimmt alles, was wir können ...*
*J Wie gesagt, ich kann Ihnen bis Ende nächster Woche Zeit geben. Wenn Sie bis dann nicht geliefert haben, suche ich mir mit Sicherheit einen neuen Zulieferer. Und das wäre alles. Auf Wiederhören, Mrs Geller.*
*G Äh ... in Ordnung. Auf Wiederhören, Mr Jenkins.*

## 50 Spelling over the phone

A = Speaker A, B = Speaker B

A ... and a package we sent to you has been returned to us. It seems we didn't use the right spelling for your address. We took it from your handwritten fax, but – well – I'm afraid the address isn't very clear.
B Oh?
A That street name. Is it – 'Bet-a-lorry-strasse'? 'Bets-a ...'?

## Am Telefon buchstabieren

*A = Sprecher A, B = Sprecher B*

*A ... und ein Päckchen, das wir an Sie geschickt haben, kam wieder an uns zurück. Wir haben wohl Ihre Adresse nicht richtig geschrieben. Wir haben sie von Ihrem handschriftlichen Fax übernommen, aber leider ist die Adresse nicht sehr gut lesbar.*
*B Oh?*
*A Dieser Straßenname. Ist das– 'Bet-a-lorry-strasse'? 'Bets-a ...'?*

B 'Pestalozzistraße'. That's P –

A P? P for Peter?

B Yes.

A Damn. Well, that's our first mistake. We used a B in the street name ...

B Oh, dear.

A Right. Go ahead, please. P – E – T – Z ...

B No. P – E – then S for Sugar, T for Tommy, A for Andrew ...

A Ah, P – E – S – T – A – L ...

B Right. Then O for Oliver, then double Z – I.

A Double-Z – I.

B Yes, then 'Straße' – all one word. 'Pestalozzistraße'.

A Ok, got that, thank you. Now, next – in the next line. That looks to me like ...

*B ‚Pestalozzistraße'. Das buchstabiert man P –*

*A P? P wie Peter?*

*B Ja.*

*A Verdammt. Nun, das wäre unser Fehler Nummer Eins. Wir haben ein B im Straßennamen geschrieben ...*

*B Oh je.*

*A In Ordnung. Buchstabieren Sie bitte weiter. P – E – T – Z ...*

*B Nein. P – E – dann S wie Sugar, T wie Tommy, A wie Andrew ...*

*A Ah, P – E – S – T – A – L ...*

*B Richtig. Dann O wie Oliver, dann Z – Z – I.*

*A Z – Z – I.*

*B Ja, dann 'Straße' – alles in einem Wort. 'Pestalozzistraße'.*

*A Ok, das habe ich, danke. Als Nächstes jetzt – in der nächsten Zeile. Das sieht für mich auch wie ...*

# Tipps

## Kleine Höflichkeiten

Kleine Höflichkeiten ebnen auch in der englischsprachigen Welt oft den Weg – denken Sie aber nicht nur an sprachliche, sondern auch an allgemeine Aufmerksamkeiten:

Öffnen Sie Ihrem Kunden oder Partner die Tür, wenn es sich anbietet. Lassen Sie ihn stets vorangehen (After you!). Ist dies nicht möglich, entschuldigen Sie sich und erklären Sie, warum Sie vorangehen möchten (z.B.: Sie wissen, wo man das Licht anknipst, Ihr Kunde kennt sich nicht aus): *Excuse me, may I go ahead of you?*, *Let me go in first, please: I know where the switches are.* Öffnet Ihnen jemand die Tür, so ist ein *Thank you* selbstverständlich.

Überreicht man Ihnen eine Visitenkarte (*business card*), so stecken Sie sie nicht gleich in die Tasche, sondern lesen Sie sie zunächst aufmerksam. Dies bezeugt Respekt und Interesse.

In Restaurants oder auf Tagungen sollten Sie nicht in Gegenwart von anderen Gästen oder Teilnehmern rauchen. (Es sei denn, man bietet es Ihnen ausdrücklich an einem Rauchertisch an). Fragen Sie nicht *May I smoke?*, sondern gehen Sie mit Ihrer Zigarette nach draußen.

Halten Sie bei Gesprächen einen Abstand von ca. 50 Zentimetern und berühren Sie auf keinen Fall Ihren Gesprächspartner. Engländer fühlen sich belästigt, wenn man Ihnen zu nahe kommt! Und wenn es auch texanische Händler gibt, die gute Gedanken gern mit einem kräftigen Schlag auf die Schulter honorieren – sehen Sie selbst lieber von allzu „kumpelhaftem" Benehmen ab.

## Vornamen

In der englischsprachigen Welt sprechen sich Geschäftspartner sehr häufig mit dem Vornamen an. Wundern Sie sich also nicht, wenn Ihr Kunde oder Partner Ihnen bereits beim ersten Treffen anbietet: *Call me Bob* – akzeptieren Sie das Angebot und stellen Sie sich ebenfalls mt dem Vornamen vor: *I'm* (Vorname). Es wäre unhöflich, dies abzulehnen (und beispielsweise zu erwidern: *I'm Herr Sondermann*, oder den Gesprächspartner weiterhin mit *Mr Masters* anzusprechen).

## Geschäftsessen

In den USA sollten Sie bei Geschäftsessen unbedingt pünktlich sein. Warten Sie auf jeden Fall, bis Sie einen Tisch zugewiesen bekommen – es ist unhöflich hineinzugehen und sich an einen Tisch Ihrer Wahl zu setzen!
In Restaurants stellt sich die Bedienung oft vor, wenn sie Sie am Tisch begrüßt (*Hi, I'm Lucy. I'll be your waitress tonight.*) Stellen Sie sich daraufhin auf keinen Fall selbst vor!
Wenn man Ihnen vorschlägt *Let's go Dutch!*, so bedeutet dies, dass jeder selbst für sein Essen und seine Getränke bezahlt. Dies ist oft üblich – bezahlen sollte jedoch nur eine Person am Tisch – abgerechnet wird später.
Es ist ebenfalls üblich, den vorgestreckten Betrag, inklusive Steuern und Trinkgeld, durch die Anzahl der Personen am Tisch zu teilen. Die Person, die zunächst für alle bezahlt hat, erklärt dann, wie viel alle bezahlen müssen: *That's 24 Dollars for everyone!*

Man sollte mindestens 10% des Rechnungsbetrags als Trinkgeld hinzufügen, wenn man sehr zufrieden ist, bis zu 15%. Die Steuern betragen zusätzlich noch einmal ca. 10% – denken Sie also daran, dass Trinkgeld und Steuern in Amerika den auf der Speisekarte genannten Preis noch einmal stark in die Höhe treiben!

## *Or?* ist kein englisches Frageanhängsel

Englische Frageanhängsel (z.B. *isn't it?, couldn't we?, may I?*) dienen dazu, eine offene Position auszudrücken. Ihrem Gegenüber suggerieren Sie, dass Sie nicht unnachgiebig oder voreingenommen sind. Sie bitten durch diese freundlichen Anhängsel um die Zustimmung Ihres Gesprächpartners. Der Gebrauch von Frageanhängseln verhindert, dass sich Ihr Gegenüber „überfahren" fühlt. Hier einige Beispiele:

*Let's get down to business, shall we?*
*You know we have our own internal safety standards, don't you?*
*We made this point clear in our proposal, didn't we?*
*You've tested the pack against our company standards, haven't you?*
*You could send us the sales figures right away, couldn't you?*
*The main point to be settled is publicity costs, isn't it?*
*We should meet again after Christmas, shouldn't we?*

Im amerikanischen Englisch werden die Frageanhängsel *Right*? oder *OK*? (*Let's get down to business, right?, Let me put you in the picture, OK?*) sehr häufig benutzt.
Vermeiden Sie den typischen Fehler, das deutsche „..., oder?" („Wir hatten das doch schon besprochen, oder?") ins Englische zu übersetzen! ..., *or?* ist kein englisches Frageanhängsel und wird nicht verstanden!

## Treten Sie niemandem „auf die Füße": *personal space bubbles*

Eine *personal space bubble* ist ein unsichtbarer Raum, der jede Person umgibt. Es ist eine Grenze, die keine andere Person überschreiten sollte, wenn sie nicht indiskret erscheinen möchte. Die Größe der *personal space bubble* variiert zwischen den Personen und den Kulturen. Beim Geschäftsleben spielt dies eine wichtige Rolle.

Die meisten Nordamerikaner halten einen Abstand von ca. 50 cm zum Gesprächspartner. Westeuropäer fühlen sich in einem Abstand von 35 bis 40 cm wohl. Dieser Abstand wäre für Briten bereits etwas aufdringlich: Sie halten einen Abstand von mindestens 60 cm für angemessen. In Situationen, in denen man sich auf Grund der Lautstärke nicht gut verstehen kann, z.B. auf einer Party, kann der Gesprächspartner schon einmal bis auf 40 bis 50 cm herantreten. Der Abstand wird jedoch sofort wieder vergrößert, wenn die Lautstärke nachlässt und man sich normal unterhalten kann.
In den Ländern des Nahen Ostens ist ein Abstand von 20 bis 30 cm angemessen. Hier würde man einen größeren Abstand als Misstrauen deuten. Geschäftsleute in Korea und China erwarten einen Mindestabstand von 60 cm, wenn nicht mehr. Ihre Geschäftspartner in Japan schätzen sogar eine *personal space bubble* von 90 cm. Trotzdem gibt es gerade in Japan häufig Situationen, in denen diese unsichtbare Grenze routinemäßig durchbrochen wird, etwa in den überfüllten U-Bahnen.

## Kleine Geschenke erhalten die Freundschaft ...

Die Vorbereitung eines Geschäftsessens beinhaltet auch die Planung des Gastgeschenks. Hier weichen die Traditionen im internationalen Geschäftsleben häufig stark von unseren mitteleuropäischen Gepflogenheiten ab.

In vielen Ländern Südostasiens, wie Indonesien, den Philippinen, aber auch Japan und China, spielen Gastgeschenke eine sehr wichtige Rolle: Indonesier führen beispielsweise genau Buch über erhaltene und überreichte Geschenke, um ein ausgegliches Verhältnis zu etablieren. In Japan und Hong Kong sollte das Überreichen und Entgegennehmen der Geschenke mit beiden Händen erfolgen, im restlichen Asien und im Nahen Osten sollten Sie es nur mit der rechten Hand oder aber mit beiden Händen überreichen und entgegennehmen.

In Singapur oder China wird Ihnen möglicherweise von Ihrem Gastgeber erklärt, dass er das Geschenk nicht annehmen kann – übergeben Sie es auch ein zweites und drittes Mal: Dreimaliges Ablehnen wird als höflich erachtet. Beim vierten Mal wird Ihr Geschäftspartner es annehmen.

Bringen Sie in Frankreich niemals Wein als Gastgeschenk, wenn Sie zum Essen eingeladen wurden – man würde beleidigt reagieren, da es so aussieht, als würden Sie dem Gastgeber nicht zutrauen, einen guten Wein zu wählen. Allgemein gilt: Tragen Sie keine Eulen nach Athen, also schenken Sie Schotten oder Iren keinen Whiskey, Russen oder Polen keinen Vodka, Argentiniern keine Lederprodukte, ...

Geschenke, die das Logo Ihrer Firma tragen, sind in Griechenland, Italien, Frankreich, Belgien, Spanien und Portugal nicht gern gesehen. Auch in anderen Ländern sollte man dies nur tun, wenn das Logo nicht aufdringlich wirkt.

Einige andere Dinge verstehen sich von selbst: Schenken Sie einem Muslimen keinen Alkohol, auch keine Kleidung – dies wird als zu persönlich erachtet. Auch Objekte, auf denen zur Verzierung Hunde (sie gelten als unrein) oder nur spärlich bekleidete Menschen zu sehen sind, eigenen sich nicht.
Denken Sie beim Verschenken von Lederartikeln daran, dass Muslime und Juden Schweinefleisch als unrein empfinden und für Hindus Kühe heilig sind – daher sollten Sie das Leder dieser Tiere meiden.

Allgemein eignen sich spitze oder scharfe Gegenstände wie beispielsweise Messer, Brieföffner oder Scheren nicht als Gastgeschenk, da der Aberglaube, dass sie das Band der Freundschaft durchschneiden, fast überall verbreitet ist.

## Tweens und andere Wortschöpfungen

TWEENs, oder TWEENAGERs, (7–11-jährige) entstammt dem Marketing-Jargon und bezeichnet eine spezielle Zielgruppe. Sie unterscheiden sich in fast allen Aspekten von WRINKLIES – Konsumenten über 50. Nie gehört? Hier haben wir einige dieser neuen Wortschöpfungen zusammengestellt:

*DINKs: double income, no kids* (doppeltes Einkommen, keine Kinder)
*RAPPIEs: retired, affluent professionals* (pensionierte, betuchte Profis)
*SAPPIEs: senior affluent professionals* (ältere, betuchte Profis)
*WOOPIEs: well-off older people* (gut-situierte ältere Leute)
*GLAMs: greying, leisured, affluent, middle-aged* (ergraute, betuchte, feinere Leute mittleren Alters)
*OINKs: one income, no kids* (ein einziges Einkommen, keine Kinder)

*YAPPIEs: young affluent parents* (junge betuchte Eltern)
*ZUPPIEs: zestful upscale persons in their prime* (dynamische Aufsteiger in Ihrer Blütezeit)

## Je später der Abend ... Verschieben Sie wichtige Themen nicht auf „später"

Eine Verhandlungstaktik, die darin besteht, Wichtiges erst am Ende der Sitzung zu besprechen, kann leicht „nach hinten losgehen": Am Anfang eines Verhandlungsmarathons sind die Positionen meist unflexibler als gegen Ende der Verhandlungen. Daher empfiehlt es sich zwar, nicht unbedingt alle wichtigen Punkte als Erstes abzuhaken, da die Kompromissbereitschaft auf beiden Seiten ein paar Stunden später sehr wahrscheinlich gestiegen sein wird. Seien Sie jedoch vorsichtig – es kann schnell zu Ihrem Nachteil werden: Sie stimmen gegen Ende der Sitzung viel leichter ungünstigen Konditionen zu (weil Sie auf heißen Kohlen sitzen: Ihr Flugzeug hebt in einer Stunde ab, Sie haben Ihrem Chef versprochen, das Geschäft bis Dienstag unter Dach und Fach zu bringen, etc.).
Wenn Sie also hören: *Oh, this point is no problem – let's deal with it later!* – haken Sie nach, denn es könnte das alles entscheidende Thema sein, das Ihre Gesprächspartner möglicherweise zum Schluss unter Zeitdruck „durchboxen" möchten: *If you don't mind, could we discuss this matter right now?, Could we clear this point immediately?, Let's not postpone this point. I'd like to deal with it now.* So kommen Sie nicht in die Verlegenheit, später ungünstigen Konditionen zustimmen zu müssen.

## Handys

Nichts ist störender als ein klingelndes Handy während einer Unterredung. Schalten Sie, wenn möglich, Ihr Handy aus und hören Sie während einer Pause oder nach der Sitzung Ihre Mailbox ab. Legen Sie Ihr Handy auf keinen Fall auf den Tisch oder in den Schoß. Wenn Sie unbedingt wissen müssen, wie spät es ist, tragen Sie eine Armbanduhr!
Wenn Sie aus irgendeinem Grunde unbedingt erreichbar sein müssen, schalten Sie Ihr Handy auf Vibrationsmodus, so dass kein Klingeln die Unterhaltung stört. Falls ein Anruf eingeht, entschuldigen Sie sich und verlassen Sie den Raum: *Excuse me, do you mind if I take this call?, I'm sorry I have to leave you. I'll be right back.* Nehmen Sie das Gespräch erst draußen an!
Das Gleiche gilt natürlich auch für Restaurantbesuche, im Theater oder während eines Vortrags. Ein eingeschaltetes Handy suggeriert Ihren Mitmenschen in solchen Situationen, dass sie nicht Ihre volle Aufmerksamkeit genießen und nicht so wichtig sind wie ein potenzieller Anrufer!

## Zur Übersetzung von *website, webpage und homepage*

Die Übersetzung von sowohl *website* als auch *webpage* mit dem deutschen Wort „Webseite" sorgt allgemein für Verwirrung. Es handelt sich bei der *website* ja nicht um eine einzige „Seite" (*page*), sondern um die gesamte Webpräsenz einer Firma oder einer Privatperson.
Um Verwechslungen zu vermeiden, empfehlen wir, sich der Handhabung einiger führender Unternehmen anzuschließen und *website* mit „Webauftritt" oder „Webpräsenz" und *webpage* mit „Webseite" zu übersetzen.
Das englische Wort *homepage* empfehlen wir mit „Einstiegsseite" (alternativ: „Indexseite") zu übersetzen.

# Lösungen zu den Hörverständnisfragen

Wer wird jetzt etwas erklären – Frau Gabler oder Mr Jordan?
Mr Jordan.

Wie oft drückt Herr Schneider aus, dass er mit Mr Kemp einer Meinung ist?
Dreimal.

Welcher Ausdruck muss einem der Sprecher erklärt werden?
"Opt-out clause" (Rücktrittsklausel).

Welches Thema werden sie zuerst behandeln?
Das Thema Lieferkosten.

Hat Mrs Faulkner bereits Waren bestellt oder nicht?
Sie hat bereits Waren bestellt.

Würde Mrs Faulkner vor oder nach Erhalt der Ware zahlen?
Vorher ( – als Vorauszahlung).

Entgegnet die Kundin dem Angebot mit einem bestimmten „ja", einem bestimmten „nein" oder einem „vielleicht"?
Mit einem „vielleicht".

Lehnt die Kundin das Angebot ab, stimmt sie ihm zu oder stimmt sie ihm nur mit Vorbehalt zu?
Sie stimmt ihm nur mit Vorbehalt zu.

Wie oft lehnt Frau Dombrowski das Angebot des Verkäufers höflich ab?
Dreimal.

Haben sich die beiden am Ende des Dialogs geeinigt?
Nein.

Reserviert Signor Florio die Zimmer fest oder stellt er die Reservierung nur in Aussicht?
Er stellt die Reservierung in Aussicht.

Was sollte Signor Florio tun, falls er Frau Kunolds Angebot annimmt?
Er sollte sie anrufen.

Haben sie sich bereits über Transport und Zahlung geeinigt?
Ja, sie haben sich über beides geeinigt.

Wem werden zwei Kopien des Vertrags geschickt – Frau Gabler oder Mr Jordan?
Mr Jordan.

# Wortschatzliste (Englisch-Deutsch)

| | |
|---|---|
| **A** | |
| accept | akzeptieren |
| achieve | erreichen |
| actually | tatsächlich, eigentlich |
| adapt | anpassen |
| add | hinzufügen |
| address | Adresse |
| advertise | werben |
| after | nach |
| again | wieder |
| against | gegen |
| agent | Vertreter |
| agree | zustimmen |
| agreement | Vereinbarung |
| air freight | Luftfracht |
| allow | ermöglichen |
| aluminium frames | Aluminiumrahmen |
| answer | antworten |
| appreciate | schätzen, verstehen |
| article | Artikel |
| as a result | daher |
| ask | fragen, bitten |
| at the moment | im Moment |
| availability | Verfügbarkeit |
| **B** | |
| back | zurück |
| be doubtful about sth | an etw zweifeln |
| be of further help | weiter behilflich sein |
| be worth sb's while | sich für jdn lohnen |
| behind | hinter, zurück |
| better | besser |
| between | zwischen |
| board game | Brettspiel |
| both | beide |
| bottom line (the) | unterm Strich |
| by all means! | aber selbstverständlich! |

## C

| | |
|---|---|
| call | Anruf, anrufen, nennen |
| cancel the order | die Bestellung stornieren |
| carefully | vorsichtig |
| cashflow | Kassenzufluss |
| catalogue | Katalog |
| CD racks | CD-Ständer |
| certainly | bestimmt |
| chance | Möglichkeit |
| change one's mind | sich anders eintscheiden |
| check | überprüfen, nachfragen |
| Christmas | Weihnachten |
| clause | Klausel |
| clear | klar |
| clearly | klar, offensichtlich |
| client | Kunde/Kundin |
| clientèle | Kundenkreis |
| close a deal | ein Geschäft abschließen |
| company | Firma |
| company name | Firmenname |
| competitor | Konkurrent |
| complaint | Beschwerde |
| compromise | Kompromiss |
| concerned | besorgt |
| concession | Konzession |
| conclude | schließen |
| condition | Bedingung |
| confirm | bestätigen |
| consignment | Lieferung, Sendung |
| contact | kontaktieren |
| contract | Vertrag |
| co-operate | zusammenarbeiten |
| copy | Kopie |
| cost extra | mehr kosten |
| couple, a | ein paar |
| cover | hier: behandeln |
| customer | Kunde/Kundin |

## D

| | |
|---|---|
| decide on sth | über etw entscheiden |
| deliver | liefern |
| delivery | Lieferung |
| demand | Nachfrage |
| deposit | Anzahlung |
| directly | direkt |

| | |
|---|---|
| director | Leiter, Direktor |
| discount | Rabatt |
| discuss | besprechen, diskutieren |
| dozen | Dutzend |
| draw up a contract | einen Vertrag aufsetzen |
| Dutch | niederländisch |

**E**

| | |
|---|---|
| each other | gegenseitig |
| electronic | elektronisch |
| end | Ende, beenden |
| enough | genug |
| evening meal | Abendessen |
| every | jede/r/s |
| exactly | genau |
| excellent | hervorragend |
| expect | erwarten |
| explain | erklären |
| express | ausdrücken |

**F**

| | |
|---|---|
| facilities | Einrichtungen |
| far | weit |
| few, a | ein paar |
| final price | Endpreis |
| finally | schließlich |
| financial terms (the) | die finanziellen Bedingungen |
| find a solution | eine Lösung finden |
| follow | folgen |
| full | voll, ganz |

**G**

| | |
|---|---|
| game | Spiel |
| general | allgemein |
| gist | Hauptpunkte |
| give | geben |
| glad | erfreut |
| go ahead | vorausgehen |
| goods | Waren |
| grant a discount | einen Rabatt gewähren |
| greet | begrüßen, grüßen |
| group rate | Gruppentarif |
| guarantee | garantieren, Garantie |

H

| | |
|---|---|
| handwritten | handschriftlich |
| Hanover | Hannover |
| have second thoughts | es sich anders überlegen |
| hear | hören |
| high | hoch |
| homepage | Einstiegsseite, Indexseite |
| hope | hoffen, Hoffnung |
| huge | riesig |

I

| | |
|---|---|
| I'm sorry | Es tut mir leid |
| idea | Konzept, Idee |
| immediately | sofort |
| in particular | insbesondere |
| indeed | tatsächlich |
| insist on sth | auf etw bestehen |
| insurance | Versicherung |
| internal | intern |
| introduce oneself | sich vorstellen |
| introductory discount | Einführungsrabatt |
| invite | einladen, anbieten |
| invoice | Rechnung |
| item | Posten, Themen |

J

| | |
|---|---|
| journey | Reise |
| just-in-time deliveries | wartezeitfreie Lieferungen |

K

| | |
|---|---|
| keep an offer open | ein Angebot aufrecht erhalten |
| know | wissen |

L

| | |
|---|---|
| last | letzte/r/s |
| late payment | verspätete Zahlung |
| later | später |
| letter heading | Briefkopf |
| limited demand | eingeschränkte Nachfrage |
| listen | zuhören |
| little | wenig, klein |
| logo | Logo, Emblem |
| longer | länger |
| look forward to doing sth | sich auf etw freuen |

| | |
|---|---|
| **M** | |
| main | Haupt- |
| make | machen, tun |
| make headway | vorankommen, Fortschritte machen |
| make progress | Fortschritte machen |
| manage | bewältigen, regeln |
| many | viele |
| market | Markt |
| mean | bedeuten |
| meet sb halfway | jmd auf halbem Wege entgegenkommen |
| meeting | treffen |
| mention | erwähnen |
| middle-income consumers | Konsumenten mit mittlerem Einkommen |
| mistake | Fehler |
| misunderstood | missverstanden |
| month | Monat |
| monthly deliveries | monatliche Lieferungen |
| monthly payments | monatliche Zahlungen |
| more | mehr |
| **N** | |
| need | brauchen |
| new | neu |
| next step, the | der nächste Schritt |
| nice to meet you | schön, Sie kennenzulernen |
| normally | normalerweise |
| **O** | |
| offer | anbieten, Angebot |
| often | oft |
| old | alt |
| on time | pünktlich |
| only | nur, bloß |
| optimism | Optimismus |
| opt-out clause | Rücktrittsklausel |
| order | Auftrag, Bestellung, bestellen |
| organize | organisieren |
| other | andere/r/s |
| **P** | |
| pack | hier: Paket |
| packaging costs | Verpackungskosten |
| paid | bezahlt |
| paint | Farbe |
| partner | Partner/in |

| | |
|---|---|
| pay in advance | im Voraus zahlen |
| payment in advance | Vorauszahlung |
| people | Leute |
| perhaps | vielleicht |
| pick-up | Transfer |
| place an order | eine Bestellung aufgeben |
| play for time | versuchen, Zeit zu gewinnen |
| pleased | zufrieden |
| pleasure | Vergnügen |
| point | Punkt, Thema, Frage |
| point of view | Standpunkt, Ansicht |
| politely | höflich |
| possible | möglich |
| potential | potenziell |
| present agreement, the | die gegenwärtige Vereinbarung |
| price revision | Preisänderung |
| production scheduling | Zeitplan für die Produktion |
| promise | versprechen |
| proposal | Vorschlag |
| propose | vorschlagen |
| provide a guarantee | eine Garantie geben |
| provisionally | provisorisch |
| publicity | Werbung |
| publicity costs | Werbungskosten |
| put sb in the picture | jdn ins Bild setzen |

## Q

| | |
|---|---|
| qualify for a discount | für einen Rabatt in Frage kommen |
| quite | ziemlich |

## R

| | |
|---|---|
| rail strike | Bahnstreik |
| rather | eher, ziemlich |
| reach agreement | sich einigen |
| ready | fertig |
| realistic | realistisch |
| really | wirklich |
| receive | erhalten |
| reject a suggestion | einen Vorschlag ablehnen |
| remain | verbleiben |
| renegotiate | nachverhandeln |
| repayment time | Rückzahlungszeitraum |
| request | Bitte, Anfrage, Wunsch |
| reservations | Reservierungen |

| | |
|---|---|
| reserve | reservieren, buchen |
| review one's options | seine Möglichkeiten überdenken |
| rewrite | noch einmal schreiben, umschreiben |
| right | richtig |

## S

| | |
|---|---|
| safety standard | Sicherheitstandard |
| sales figures | Verkaufszahlen |
| sales graph | Absatzdiagramm |
| satisfy a request | einen Wunsch/eine Bitte erfüllen |
| save | sparen |
| scheduling and accounts | Zeitplanung |
| see eye-to-eye | einer Meinung sein |
| seek | suchen |
| sell | verkaufen |
| seller | Verkäufer |
| send | schicken, senden |
| settle | entscheiden, beilegen |
| show | zeigen |
| side | Seite |
| sign a contract | einen Vertrag unterschreiben |
| similar | ähnlich |
| sleeve | Hülle, Umschlag |
| small | klein |
| so-called | so genannt |
| sorry | Entschuldigung |
| speaker | Sprecher/in |
| special delivery | Sonderlieferung |
| special terms | besondere Konditionen, ~Bedingungen |
| split | teilen |
| spread (the) payments | (die) Zahlungen aufteilen |
| start | anfangen |
| state conditions | Bedingungen stellen |
| steady | gleichmäßig |
| step-by-step | Schritt für Schritt |
| still | immer noch |
| storage | Lagerung |
| storage space | Lagerraum |
| store | lagern |
| straight away | sofort |
| strong | stark, schwer |
| substantial quantity | größere Menge |
| suggest | vorschlagen |
| suggestion | Vorschlag |

| | |
|---|---|
| suitable | passend |
| supplier | Zulieferer |
| sure | sicher |
| sustainable development | nachhaltige Entwicklung |
| switch | Schalter |

**T**

| | |
|---|---|
| tell | erzählen |
| tell sb the gist of | jmd sagen, worum es geht |
| temporary | befristet, vorübergehend |
| terms of agreement | Vertragsbedingungen |
| terms of delivery | Lieferbedingungen |
| terms of payment | Zahlungsbedingungen |
| terms of the contract | Vertragsbedingungen |
| test | testen, Test |
| though | obwohl |
| through | durch |
| till | bis |
| today | heute |
| tomorrow | morgen |
| total order | gesamte Bestellung, Gesamtauftrag |
| toy | Spielzeug |
| train | Zug |
| trainer | Trainer, Ausbilder |
| transport | transportieren, Transport |
| travel | reisen |
| trial | Probe |
| trial order | Probebestellung |
| trip | Reise |
| true | wahr |
| try | versuchen |
| tween | Tween (7–12- Jährige/r) |

**U**

| | |
|---|---|
| under | unter |
| understood | verstanden |
| unfortunately | leider |
| unit | Stück |
| unless | es sei denn |
| until | bis |
| use | benutzen |
| used | gebraucht |
| usually | normalerweise |

**V**

| | |
|---|---|
| version | Version |

**W**

| | |
|---|---|
| want | wollen |
| warehouse | Lagerhaus |
| weak | schwach |
| webpage | Webseite |
| website | Webauftritt |
| week | Woche |
| well | nun, gut (Adv.) |
| whether | ob |
| wholesale | Großhandel |
| willing to do sth | bereit sein etw zu tun |
| wish | wünschen |
| withdraw | zurückziehen |
| wonder | sich fragen |
| word | Wort |
| work | Arbeit, arbeiten |
| worried | besorgt |

**Y**

| | |
|---|---|
| year | Jahr |
| yet | noch |

# Messegespräche

# Inhalt

# Dialoge und Phrase Banks

## 1 At the information desk

Paul Bailey, ein amerikanischer Geschäftsmann, kommt auf der Messe an. Hier spricht er mit der Dame an der Information. Finden Sie heraus, wohin er will.
B = Paul Bailey, I = Dame an der Information

| | | | |
|---|---|---|---|
| B | Morning! | *B* | *Guten Morgen!* |
| I | Good morning, sir. Oh dear! Is it raining? | *I* | *Guten Morgen, der Herr. Oh je, regnet es denn?* |
| B | Raining? It's pouring down out there! Is there somewhere I can leave my umbrella? | *B* | *Ob es regnet? Draußen schüttet es! Kann ich meinen Regenschirm irgendwo abstellen?* |
| I | Of course. The cloakroom's over there, to your left. You can leave your coat and umbrella there. | *I* | *Natürlich. Die Garderobe ist dort drüben, von Ihnen aus gesehen links. Sie können Ihren Mantel und Regenschirm dort abgeben.* |
| B | Ah good. But first, I'd like some information. I have an appointment at the CBA Company stand, but I'm not sure where they are. | *B* | *Gut. Aber zunächst hätte ich gern einige Informationen. Ich habe eine Verabredung am Stand der Firma CBA, bin mir aber nicht sicher, wo ich sie finde.* |
| I | I'll just have a look ... OK, CBA are in Hall 3a, stand number 25. | *I* | *Ich sehe kurz nach ... Ja, CBA ist in Halle 3a, Stand Nummer 25.* |
| B | Hall 3a? And how do I get there? | *B* | *Halle 3a? Wie komme ich dort hin?* |
| I | Let's have a look at this map. We're here, ... and Hall 3a is there. Go through the door over there, turn right, and go straight on until you see a large sign for halls 3a and 3b. | *I* | *Werfen wir kurz einen Blick auf diese Karte. Wir sind hier ... und Halle 3a ist dort. Gehen Sie durch die Tür dort drüben, dann nach rechts und wieder geradeaus, bis Sie das große Schild für die Hallen 3a und 3b sehen.* |
| B | OK, that looks pretty easy to find. Thanks. | *B* | *OK, das scheint ziemlich leicht zu finden zu sein. Danke.* |
| I | You're welcome. Is there anything else I can do for you? | *I* | *Gern. Kann ich noch etwas für Sie tun?* |
| B | Um, yes, actually ... there is. Could you tell me where the restrooms are? | *B* | *Ähm, eigentlich ... ja. Können Sie mir bitte sagen, wo die „restrooms" sind?* |
| I | Restrooms? Oh, the toilets! The gents' toilets are over there, opposite the cloakrooms. | *I* | *„Restrooms"? Ach, Sie meinen die Toiletten! Die Herrentoilette ist dort drüben, gegenüber der Garderobe.* |
| B | Perfect! Thanks very much for your help. Goodbye. | *B* | *Prima! Vielen Dank für Ihre Hilfe. Auf Wiedersehen.* |
| I | Goodbye, sir. Have a nice day! | *I* | *Auf Wiedersehen, der Herr. Ich wünsche Ihnen noch einen schönen Tag!* |

Wohin möchte Paul Bailey gehen?
Zur Firma CBA.

Nun zu Ihrer ersten Nachsprechübung.

## 2 Phrase bank

I'd like some information. — *Ich hätte gern einige Informationen.*
How do I get there? — *Wie komme ich dort hin?*
The cloakroom is over there. — *Die Garderobe ist dort drüben.*
It's to your left. — *Sie ist links von Ihnen.*
Go through the door and turn right. — *Gehen Sie durch die Tür und dann nach rechts.*
Then go straight ahead. — *Gehen Sie dann geradeaus.*

## 3 Arriving at the stand (with an appointment)

Karl Schneider ist an einem Stand angekommen. Er hat dort einen Termin vereinbart. Hier spricht er mit Lisa Turner, der Empfangsdame am Stand. Finden Sie heraus, ob Ms Baker schon auf Karl Schneider wartet.
S = Karl Schneider, T = Lisa Turner

S Good afternoon, I have an appointment with Ms Baker. My name's Schneider, Karl Schneider.
T Certainly, Mr Schneider, I'll just tick you off in the appointments diary. Ah, here we are, Karl Schneider, 3 o'clock with Susan Baker.
S That's right.
T Ms Baker's just saying goodbye to her last appointment.
S How long will she be?
T She'll be with you in a moment.
S That's fine. May I have a look at your new catalogue while I wait?
T Of course, here you are. And can I get you anything else?
S No, thank you, not at the moment.

*S Guten Tag, ich habe eine Verabredung mit Frau Baker. Mein Name ist Schneider, Karl Schneider.*
*T Selbstverständlich, Herr Schneider, ich mache nur kurz einen Vermerk in unserem Kalender. Ah ja, da sind Sie schon, Karl Schneider, 15.00 Uhr, bei Susan Baker.*
*S Stimmt.*
*T Frau Baker verabschiedet sich gerade von Ihrem letzten Kunden.*
*S Wie lange braucht sie noch?*
*T Sie wird sich gleich um Sie kümmern.*
*S Das ist in Ordnung. Kann ich mir in der Zwischenzeit Ihren neuen Katalog ansehen?*
*T Natürlich, hier bitte. Darf ich Ihnen sonst noch etwas bringen?*
*S Nein danke, im Moment nicht.*

Wartet Ms Baker schon auf Karl Schneider?
Nein, sie spricht noch mit ihrem letzten Kunden.

## 4 Phrase bank

I have an appointment. — *Ich habe eine Verabredung.*
How long will she be? — *Wie lange benötigt sie noch?*
She'll be with you in a moment. — *Sie wird sich gleich um Sie kümmern.*
May I see your new catalogue? — *Darf ich Ihren neuen Katalog ansehen?*
Can I get you anything else? — *Darf ich Ihnen sonst noch etwas bringen?*

## 5 Arriving without an appointment

Mr Sinclair-Moore möchte mit dem Export-Manager von Iberia Machinery sprechen. Er vereinbart einen Termin mit der Empfangsdame. Finden Sie heraus, wann der Termin stattfinden wird.
SM = Mr Sinclair-Moore, E = Empfangsdame

E Hello, can I help you?
SM Yes, I hope so. I'm from Star Electronics. I'd like to talk to your export manager. Is he available?
E I'm afraid Mr Rodriguez is in a meeting at the moment. Could you come back at 2 o'clock this afternoon?
SM Um, I'll just check my diary ... Unfortunately I have another appointment at 2. But I'll be free at 3.30.
E That's fine. So, that's 3.30 this afternoon with Mr Rodriguez. Can I take your name, please?
SM Certainly, it's James Sinclair-Moore.
E Can you spell that for me, please?
SM S I N C L A I R hyphen M double O R E. Here's my business card.
E Thank you very much Mr Sinclair-Moore. See you this afternoon.

*E Guten Tag, kann ich Ihnen helfen?*
*SM Ja, ich hoffe doch. Ich bin von Star Electronics. Ich würde gern Ihren Export-Manager sprechen. Hat er Zeit?*
*E Herr Rodriguez ist leider momentan in einer Besprechung. Könnten Sie heute Nachmittag um 14.00 Uhr nochmal vorbeischauen?*
*SM Da muss ich in meinem Kalender nachsehen ... Leider habe ich um 14.00 Uhr schon einen anderen Termin. Aber um 15.30 Uhr ginge es bei mir.*
*E Das ist in Ordnung. Also gut, heute Nachmittag um 15.30 Uhr bei Herrn Rodriguez. Können Sie mir bitte Ihren Namen sagen?*
*SM Aber sicher, ich heiße James Sinclair-Moore.*
*E Könnten Sie das bitte buchstabieren?*
*SM S I N C L A I R Bindestrich M O O R E. Hier ist meine Karte.*
*E Vielen Dank, Herr Sinclair-Moore. Dann bis heute Nachmittag.*

Wann wird der Termin stattfinden?
Um 15.30 Uhr.

## 6 Phrase bank

Can I help you?
I'd like to talk to Mrs Rice.
Is she free?
She's in a meeting at the moment.
Can you spell that, please?
Here's my business card.

*Kann ich Ihnen helfen?*
*Ich würde gern Frau Rice sprechen.*
*Hat sie Zeit?*
*Sie ist momentan in einer Besprechung.*
*Könnten Sie das bitte buchstabieren?*
*Hier ist meine Karte.*

## 7 Nice to see you again!

Steffis Firma verkauft in der Schweiz Produkte von Bobs Firma. Wie trinkt Steffi ihren Kaffee?
S = Steffi, B = Bob

B Hi, Steffi, nice to see you again. Please take a seat.

*B Hallo Steffi, schön dich wieder zu sehen. Nimm bitte Platz.*

S Thanks, Bob. Good to see you, too. Aah, it's great to take the weight off my feet! I must have walked miles at this fair in the last few days!
B I know what you mean! Can I get you something to drink? Coffee, tea, mineral water ...?
S Coffee would be lovely. Milk, no sugar, please. And do you mind if I smoke?
B Go ahead.
S Thanks. I've brought you a little present from home.
B Swiss chocolate! That's very kind of you. Valerie, can you bring me two coffees, one black, one white, and an ashtray, please? So, Steffi, how's it going?

*S Danke, Bob. Ich freue mich auch, dich zu sehen. Aah, es tut gut, meine Füße zu entlasten. Ich muss in den letzten paar Tagen Meilen zurückgelegt haben auf dieser Messe!*
*B Ich weiß, was du meinst! Kann ich dir etwas zum Trinken bringen? Kaffee, Tee, Mineralwasser ...?*
*S Kaffee wäre schön. Mit Milch, aber ohne Zucker, bitte. Macht es dir was aus, wenn ich rauche?*
*B Nur zu.*
*S Danke. Ich habe dir ein kleines Geschenk von zu Hause mitgebracht.*
*B Schweizer Schokolade! Das ist sehr lieb von dir! Valerie, kannst du mir bitte zwei Kaffee bringen, einen schwarz, einen weiß, und einen Aschenbecher? Und, Steffi, wie läuft's denn so?*

Wie trinkt Steffi ihren Kaffee?
Mit Milch, aber ohne Zucker.

## 8 Phrase bank

Please take a seat. — *Nimm bitte Platz. / Nehmen Sie bitte Platz.*
Can I get you something to drink? — *Kann ich dir / Ihnen etwas zum Trinken bringen?*
Do you mind if I smoke? — *Macht es dir / Ihnen was aus, wenn ich rauche?*
How's it going? — *Wie läuft's denn so?*

## 9 Sales figures and discounts

Fortsetzung des Gesprächs zwischen Steffi und Bob. Finden Sie heraus, wie viel Rabatt Steffi haben möchte und wie viel sie wahrscheinlich bekommen wird.
S = Steffi, B = Bob

B So, Steffi, how's it going?
S Not bad overall, but certainly not great, either. I have the latest sales figures here. As you can see, sales are down this year.
B Hmm, how is the market generally?
S Pretty flat, I'm afraid, and it's not likely to improve this year. The competition in this field is very tough.

*B Und, Steffi, wie läuft's denn so?*
*S Nicht schlecht im Großen und Ganzen, aber sicher auch nicht großartig. Ich habe die neuesten Verkaufszahlen dabei. Wie du siehst, sind die Umsätze dieses Jahr zurückgegangen.*
*B Hmm, wie ist der Markt denn so ganz allgemein?*
*S Leider ziemlich schwach, und er wird sich dieses Jahr wohl auch nicht mehr verbessern. Die Konkurrenz in diesem Bereich ist sehr stark.*

B I see you're 5% down on last year's figures. That's a shame, but it could be worse. I think we can expect to see an improvement next year when we launch the new M7 model.

*B Ich sehe, dass deine Zahlen im Vergleich zum letzten Jahr um 5% zurückgegangen sind. Das tut mir wirklich leid, aber es könnte schlimmer sein. Ich glaube, wir können nächstes Jahr mit einer Verbesserung rechnen, wenn wir das neue M7-Modell auf den Markt bringen.*

S Can you give us a larger discount on the new model?

*S Kannst du uns für das neue Modell einen höheren Rabatt gewähren?*

B How much were you thinking of?

*B An wie viel hattest du denn gedacht?*

S Say, 15%?

*S Sagen wir 15%?*

B I don't think we can manage that, but we could probably offer you a 10% discount instead of the usual 8%.

*B Ich glaube nicht, dass uns das möglich sein wird. Aber wir könnten euch vielleicht 10% Nachlass anstatt der üblichen 8% anbieten.*

S If we order 500 of the new model now, could we get a 12% discount?

*S Falls wir jetzt sofort 500 neue Modelle bestellen, könnten wir dann 12% Rabatt bekommen?*

B That should be possible. I'll have a word with my boss and see what I can do.

*B Das sollte möglich sein. Ich werde mal kurz mit meinem Chef sprechen und dann sehen, was ich tun kann.*

Wie viel Rabatt möchte Steffi haben und wie viel wird sie wahrscheinlich bekommen?
Sie möchte 15%, bekommt aber wahrscheinlich 12%, wenn sie mehr als 500 Stück bestellt.

## 10 Phrase bank

| | |
|---|---|
| Sales are down. | *Die Umsätze sind zurückgegangen.* |
| The market's pretty flat. | *Der Markt ist ziemlich schwach.* |
| The competition is very tough. | *Die Konkurrenz ist sehr stark.* |
| That's a shame. | *Das tut mir leid.* |
| We can expect to see an improvement next year. | *Wir können nächstes Jahr mit einer Verbesserung rechnen.* |
| We can offer you a 10% discount. | *Wir können dir / euch / Ihnen 10% Rabatt anbieten.* |
| I'll have a word with my boss. | *Ich werde mal kurz mit meinem Chef sprechen.* |
| I'll see what I can do. | *Ich werde sehen, was ich tun kann.* |

## 11 Delivery problems & apologising

Christoph Zimmermann hat schon viele Bestellungen bei seinem schwedischen Geschäftspartner, Lars Jensen, aufgegeben, aber in letzter Zeit gab es oft Lieferprobleme. Finden Sie heraus, welche Art von Kompensation Lars Jensen anbietet.
Z = Christoph Zimmermann, J = Lars Jensen

J So, you say you're not happy with the deliveries.

*J Sie sagen also, dass Sie mit den Lieferungen nicht zufrieden sind.*

Z Yes, that's right. The first delivery this year contained many damaged goods.

*Z Ja, genau. Die erste Lieferung dieses Jahr enthielt etliche beschädigte Waren.*

J Oh dear! What did you do?

Z Well, of course, we returned the damaged items. Unfortunately the replacements took a long time to arrive. The delivery time was really slow.

J I am sorry.

Z Wait, it gets worse! The last order didn't arrive at all!

J So, let me get this straight; the first delivery was damaged, the second was late, and the third didn't arrive at all.

Z Exactly.

J Well, I really must apologise. We have been experiencing delivery problems recently. In fact, as from next month, we'll be using a different forwarding agency.

Z About time, too!

J We really are very sorry for the recent problems, and would like to offer you free delivery on your next order.

Z OK, that sounds acceptable. Please excuse me; I'm expecting an important call. Hello, Christoph Zimmermann here ...

*J Oh je! Was haben Sie dann gemacht?*

*Z Wir haben die beschädigten Waren natürlich zurückgesandt. Leider dauerte es sehr lange, bis der Ersatz eintraf. Die Auslieferung zog sich wirklich lange hin.*

*J Das tut mir leid.*

*Z Warten Sie, es wird noch schlimmer! Unsere letzte Bestellung kam gar nicht an.*

*J Also, lassen Sie mich das kurz rekapitulieren: Die erste Lieferung war beschädigt, die zweite kam zu spät an und die dritte gar nicht.*

*Z Genau.*

*J Nun, da kann ich mich nur bei Ihnen entschuldigen. Wir hatten in der Tat in letzter Zeit Lieferprobleme. Allerdings werden wir ab nächstem Monat eine andere Spedition beauftragen.*

*Z Das wird wohl auch Zeit!*

*J Wir können uns für die Probleme, die wir in letzter Zeit hatten, nur aufrichtig bei Ihnen entschuldigen und würden Ihnen für Ihre nächste Bestellung kostenfreie Lieferung anbieten.*

*Z Gut, das hört sich akzeptabel an. Entschuldigen Sie mich bitte; ich erwarte einen dringenden Anruf. Hallo, hier spricht Christoph Zimmermann ...*

Welche Art von Kompensation bietet Lars Jensen an?
Kostenlose Lieferung bei der nächsten Bestellung.

## 12 Phrase Bank

We've been experiencing problems.
Oh dear!
Let me get this straight ...
I really must apologise.
That sounds acceptable.
Please excuse me.

*Wir hatten in letzter Zeit Probleme.*
*Oh je!*
*Lassen Sie mich das kurz rekapitulieren ...*
*Da kann ich mich nur bei Ihnen entschuldigen.*
*Das hört sich akzeptabel an.*
*Entschuldigen Sie mich bitte.*

# 13 Turning a complaint into a compliment – faulty goods

Ulrike Hoffmann ist Managerin bei einem großen deutschen Spielwarengeschäft. Sie hat einen Termin mit Hiroko Matsutani. Ms Matsutani arbeitet in der Exportabteilung eines japanischen Spielwarenproduzenten. Wie ist Ulrike Hoffmann an diesem Nachmittag am besten erreichbar?
H = Ulrike Hoffmann, M = Hiroko Matsutani

| | |
|---|---|
| M Good morning, Ms Hoffmann. I received your email. Could you tell me a little bit more about the problem? | *M Guten Morgen, Frau Hoffmann. Ich habe Ihre E-Mail bekommen. Könnten Sie mir das Problem bitte etwas genauer schildern?* |
| H As you know, your remote controlled trucks and cars are very popular with our customers. But this year we've had problems with the A5 model. Four customers returned the trucks because the remote controls were faulty. | *H Wie Sie wissen, sind Ihre ferngesteuerten Lastwagen und Autos bei unseren Kunden sehr beliebt. Dieses Jahr hatten wir allerdings Probleme mit dem A5-Modell. Vier Kunden haben die Lastwagen zurückgebracht, weil die Fernsteuerungen defekt waren.* |
| M I see. Where are these items now? | *M Ich verstehe. Wo ist diese Ware jetzt?* |
| H Well, we sent them back to your German supplier six weeks ago, but we're still waiting for a reply. | *H Nun, wir haben sie vor sechs Wochen an unseren deutschen Großhändler zurückgesandt, warten aber immer noch auf eine Antwort.* |
| M I'll look into it immediately. I have a meeting at lunchtime with our German supplier. Can I get hold of you this afternoon? | *M Ich kümmere mich sofort darum. Heute Mittag habe ich einen Termin mit unserem deutschen Großhändler. Kann ich Sie heute Nachmittag irgendwie erreichen?* |
| H Well, unfortunately I have other appointments all afternoon, but you can call me on my mobile. The number's on my card. | *H Tja, leider habe ich heute Nachmittag schon einen anderen Termin, aber Sie können mich auf meinem Handy anrufen. Die Nummer ist auf meiner Karte.* |
| M Thank you. In the meantime we'll send you five of the A6 upgraded model, free of charge. Please give them to your customers, with our compliments. | *M Vielen Dank. In der Zwischenzeit werde ich Ihnen fünf verbesserte A6-Modelle zusenden lassen, kostenlos natürlich. Bitte leiten Sie diese mit unseren Empfehlungen an Ihre Kunden weiter.* |
| H That's very kind of you, Ms Matsutani. I'd like to compliment you on your friendly customer service. | *H Das ist sehr liebenswürdig von Ihnen, Frau Matsutani. Ich möchte Ihnen ein Kompliment zu Ihrem freundlichen Kundenservice machen.* |
| M Thank you. I must apologise once again. I'll call you this afternoon. Goodbye, Ms Hoffmann. | *M Danke. Ich muss mich noch einmal bei Ihnen entschuldigen. Ich werde Sie dann heute Nachmittag anrufen. Auf Wiedersehen, Frau Hoffmann.* |
| H Goodbye. | *H Auf Wiedersehen.* |

Wie ist Ulrike Hoffmann an diesem Nachmittag am besten erreichbar?
Per Handy. Die Nummer steht auf ihrer Karte.

## 14 Phrase Bank

| | |
|---|---|
| I'll look into it immediately. | *Ich kümmere mich sofort darum.* |
| When can I get hold of you? | *Wann kann ich Sie erreichen?* |
| in the meantime | *in der Zwischenzeit* |
| free of charge | *kostenlos* |
| I'd like to compliment you on ... | *Ich möchte Ihnen ein Kompliment zu ... machen.* |
| your friendly customer service | *Ihr freundlicher Kundenservice* |
| That's very kind of you. | *Das ist sehr liebenswürdig von Ihnen.* |

## 15 Terms of payment – New customers, new business

Zwei Französinnen, die erst vor kurzem eine neue Firma gegründet haben, haben einen Termin mit Ian Hill, dem europäischen Verkaufsmanager eines internationalen Verlags. Welche Zahlungsweise bevorzugt Ian Hills Firma?
H = Ian Hill, F1 = erste Französin, F2 = zweite Französin

| | |
|---|---|
| H So, who are you? | *H Und Sie sind ...?* |
| F1 We're from Read-Right. We're a small new company based in the south of France. | *F1 Wir sind von Read-Right. Wir sind eine kleine, neu gegründete Firma aus Südfrankreich.* |
| H And what does your company do? | *H Und was macht Ihre Firma?* |
| F1 We produce a quarterly newsletter for the English-speaking community in our area. We review new books on the market, then we sell the books through the newsletter. | *F1 Wir verlegen einen vierteljährlichen Newsletter für die englischsprachige Gemeinde in unserer Gegend. Wir besprechen neue Bücher und dann verkaufen wir diese Bücher über den Newsletter.* |
| H And how can we help you? | *H Und wie können wir Ihnen behilflich sein?* |
| F2 Well, in order to get our foot in the door, we need samples of the latest books. | *F2 Nun, um einen Fuß in die Tür zu bekommen, hätten wir gerne Ansichtsexemplare der neuesten Bücher.* |
| H That's no problem, I can send you samples from our new catalogue. | *H Das ist kein Problem, ich kann Ihnen welche aus unserem neuen Katalog schicken.* |
| F1 That's great! And then, when we place an order, how long does it take you to deliver? | *F1 Das ist großartig! Wenn wir dann eine Bestellung aufgeben – wie lange dauert es, bis Sie liefern können?* |
| H We usually deliver within two working days. | *H Wir liefern normalerweise innerhalb der nächsten zwei Werktage.* |
| F2 What are your terms of payment? | *F2 Wie sind Ihre Zahlungsbedingungen?* |
| H We prefer a bank transfer but we will accept credit card payments, too. | *H Wir bevorzugen eine Banküberweisung, wir akzeptieren aber auch Kreditkartenzahlungen.* |
| F1 That's fine. And what kind of discount can you offer? | *F1 Das ist schön. Wie viel Rabatt können Sie uns anbieten?* |
| H If you pay within ten days, we can offer you 30% off the retail price. | *H Falls Sie innerhalb von zehn Tagen bezahlen, können wir Ihnen 30% Abzug vom Einzelhandelspreis anbieten.* |

Welche Zahlungsweise bevorzugt Ian Hills Firma?
Sie bevorzugt Banküberweisungen.

## 16 Phrase bank

| | |
|---|---|
| a new company based in northern Germany | *eine neu gegründete Firma mit Sitz in Norddeutschland* |
| In order to get our foot in the door ... | *Um einen Fuß in die Tür zu bekommen ...* |
| What are your terms of payment? | *Wie sind Ihre Zahlungsbedingungen?* |
| What kind of discount can you offer? | *Wie viel Rabatt können Sie uns anbieten?* |

## 17 Language problems

Wolfgang Heinzmann spricht mit Ms Roberts am Stand einer amerikanischen Maschinenbaufirma. Finden Sie heraus, wie Mr Goldman behilflich sein kann.
H = Wolfgang Heinzmann, R = Ms Roberts

| | |
|---|---|
| H Excuse me? | *H Entschuldigen Sie?* |
| R Hello. Can I help you? | *R Guten Tag. Kann ich Ihnen helfen?* |
| H Yes, um, I'm sorry, my English is not very good. | *H Ja, ähh, es tut mir leid, aber mein Englisch ist nicht sehr gut.* |
| R No problem, sir. Do you have an appointment or can I tell you something about our products? | *R Kein Problem. Haben Sie schon einen Termin oder kann ich Ihnen etwas über unsere Produkte erzählen?* |
| H Sorry, can you repeat that, please? I didn't understand. | *H Entschuldigung, können Sie das bitte wiederholen? Ich habe Sie nicht verstanden.* |
| R Do you have an appointment? | *R Haben Sie einen Termin?* |
| H An appointment? No. But I'd like to know more about your products. | *H Einen Termin? Nein. Aber ich würde gern mehr über Ihre Produkte erfahren.* |
| R If you wouldn't mind coming back this afternoon you could talk to Mr Goldman. He's our European Product Manager. He can speak fluent German. | *R Wenn es Ihnen nichts ausmacht, können Sie heute Nachmittag wieder kommen und mit Herrn Goldman sprechen. Er ist unser Produktmanager für Europa und spricht fließend Deutsch.* |
| H That's very good. What time this afternoon? | *H Das ist sehr gut. Wann heute Nachmittag?* |
| R Let me see. Mr Goldman has a free appointment at four fifteen. | *R Lassen Sie mich nachsehen. Herr Goldman hat noch einen freien Termin um 16.15 Uhr.* |
| H Quarter past four this afternoon? Yes, that's a good time for me. | *H Viertel nach vier heute Nachmittag? Ja, das passt mir gut.* |
| R Could I take your name, please? | *R Könnte ich bitte Ihren Namen haben?* |
| H My name? Yes, it's Heinzmann, Wolfgang Heinzmann. Here's my card. | *H Mein Name? Ja, Heinzmann, Wolfgang Heinzmann. Hier ist meine Karte.* |
| R Thank you Mr Heinzmann. See you this afternoon. | *R Vielen Dank, Herr Heinzmann. Ich sehe Sie also heute Nachmittag.* |
| H Thank you. Good bye. | *H Vielen Dank. Auf Wiedersehen.* |

Wie kann Mr Goldman behilflich sein?
Er spricht fließend Deutsch.

## 18 Phrase bank

I'm sorry, my English is not very good.
Can you repeat that, please?
I didn't understand.
He can speak fluent German.

*Es tut mir leid, aber mein Englisch ist nicht sehr gut.*
*Können Sie das bitte wiederholen?*
*Ich habe Sie nicht verstanden.*
*Er spricht fließend Deutsch.*

## 19 Passers-by

Es ist Samstag. Die Messe ist für das Publikum geöffnet. Mr Androttis Firma verkauft Kaffeemaschinen. Wie viel kostet die Kaffeemaschine, die er dem Passanten anbietet?
A = Mr Androtti, P = Ein Passant

P Hello. What do you have here, then?
A This is the state-of-the-art All-Day Coffee Machine.
P Very nice! What does it do?
A Let me give you a demonstration. Do you drink coffee?
P Oh, yes. I love coffee!
A Espresso or cappuccino?
P Well, I just had lunch, so, an espresso, I think.
A There you are. Please help yourself to sugar.
P Goodness, that was quick! Aah, delicious! How much does one of these machines cost, then?
A This particular model retails at four hundred and ninety-nine euros.
P That's rather expensive!
A We also have other models at lower prices. Can I show you our catalogue? The Early Start model, for example. That retails at two hundred and ninety-nine euros.
P Does it come in blue?
A The Early Start comes in silver or black.
P Oh well. I'll have to think about it. Thank you very much for the coffee.
A Please take the catalogue with you. And here's my business card, and a pen, with our compliments.
P Thank you, cheerio.

*P Hallo. Was haben Sie denn hier Schönes?*
*A Das ist eine Kaffeemaschine für den täglichen Gebrauch auf dem neuesten Stand der Technik.*
*P Sehr hübsch! Was kann sie denn alles?*
*A Ich werde sie Ihnen kurz vorführen. Trinken Sie Kaffee?*
*P Oh ja. Ich liebe Kaffee!*
*A Espresso oder Cappuccino?*
*P Nun, ich komme gerade vom Mittagessen, deshalb einen Espresso, denke ich.*
*A Hier bitte. Beim Zucker bedienen Sie sich bitte selbst.*
*P Meine Güte, das ging aber schnell! Aah, köstlich! Was kostet denn eine solche Maschine?*
*A Dieses Modell hier kostet im Einzelhandel 499 Euro.*
*P Das ist ganz schön teuer!*
*A Wir haben auch andere Modelle zu niedrigeren Preisen. Darf ich Ihnen unseren Katalog zeigen? Das Early-Start-Modell zum Beispiel. Es kostet im Einzelhandel 299 Euro.*
*P Gibt es das auch in Blau?*
*A Die Early Start gibt es in Silber oder Schwarz.*
*P Nun ja. Ich werde darüber nachdenken. Vielen Dank für den Kaffee.*
*A Nehmen Sie doch bitte den Katalog mit. Und hier ist meine Karte und ein Kugelschreiber, mit unseren Empfehlungen.*
*P Vielen Dank, tschüs.*

Wie viel kostet die Kaffeemaschine?
Dieses Modell kostet im Einzelhandel 499 Euro.

## 20 Phrase bank

| | |
|---|---|
| state-of-the-art technology | *der neueste Stand der Technik* |
| Let me give you a demonstration. | *Ich werde sie Ihnen kurz vorführen.* |
| Please help yourself. | *Bedienen Sie sich bitte selbst.* |
| How much does it cost? | *Was kostet es?* |
| This particular model comes in black. | *Dieses Modell hier gibt es in Schwarz.* |
| It retails at eight hundred and fifty dollars. | *Sie kostet im Einzelhandel 850 Dollar.* |

## 21 Running late

Mr Atwood aus Kanada ist dabei, die neue Software seiner Firma vorzuführen. Herr Krämer zeigt Interesse, steht aber unter Zeitdruck. Wo und wann treffen sich die beiden Herren später?
A = Mr Atwood, K = Herr Krämer

| | | | |
|---|---|---|---|
| K | That's very interesting, but I'm afraid I have to leave now. | *K* | *Das ist sehr interessant, aber ich muss mich jetzt leider verabschieden.* |
| A | This won't take long. Have you got ten more minutes? | *A* | *Es dauert nicht lange. Haben Sie noch zehn Minuten?* |
| K | Sorry. I'm already running late for my next appointment. It's a shame, though. I would like to see how the software works. | *K* | *Tut mir leid. Ich bin bereits für meine nächste Verabredung zu spät dran. Das ist wirklich schade. Ich würde gern sehen, was die Software kann.* |
| A | I believe we're staying in the same hotel, aren't we? | *A* | *Soweit ich weiß, sind wir im selben Hotel, oder?* |
| K | The Holiday Inn across the road? | *K* | *Das Holiday Inn hier gegenüber?* |
| A | Yes, so why don't we meet up in the bar after dinner? I'll bring the laptop and we can continue talking then. | *A* | *Ja, warum treffen wir uns nicht nach dem Abendessen an der Bar? Ich bringe den Laptop mit und dann können wir unser Gespräch fortsetzen.* |
| K | That sounds like an excellent solution. Shall we say eight o'clock? | *K* | *Das hört sich sehr gut an. Sagen wir um acht Uhr?* |
| A | Eight o'clock sounds just fine. See you then. | *A* | *Acht Uhr ist sehr gut. Bis dann.* |
| K | I'm sorry I have to run now. See you later. | *K* | *Tut mir leid, dass ich Sie so überstürzt verlassen muss. Bis später.* |

Wo und wann treffen sich die beiden Herren später?
In der Hotelbar um 20.00 Uhr.

## 22 Phrase bank

| | |
|---|---|
| I'm running late. | *Ich bin zu spät dran.* |
| It's a shame. | *Das ist wirklich schade.* |
| Why don't we meet later? | *Warum treffen wir uns nicht später?* |
| Shall we say 8 o'clock? | *Sagen wir um 8 Uhr?* |
| That sounds just fine. | *Das hört sich sehr gut an.* |

## 23 My next appointment's arrived

Klaus Zimmermann aus Hamburg spricht mit Georgios Papadopoulos aus Griechenland. Finden Sie heraus, wie Herr Zimmermann Herrn Papadopoulos abwimmelt.
Z = Klaus Zimmermann, P = Georgios Papadopoulos

| | | | |
|---|---|---|---|
| P | As I was saying, it is most important that we push the solar-powered line at the moment. | *P* | *Wie ich schon sagte, am wichtigsten ist, dass wir jetzt die Produktpalette mit Solarantrieb auf den Markt drücken.* |
| Z | Unfortunately there really isn't a market for it in northern Germany. | *Z* | *Unglücklicherweise sehe ich hierfür wirklich keinen Markt in Norddeutschland.* |
| P | You must come to the presentation in Berlin next week. | *P* | *Sie müssen unbedingt zu unserer Präsentation nächste Woche nach Berlin kommen.* |
| Z | I'm afraid that won't be possible. | *Z* | *Das wird leider nicht möglich sein.* |
| P | I'll send you an invitation. And please bring your lovely Austrian colleague. | *P* | *Ich schicke Ihnen eine Einladung. Und bringen Sie doch bitte Ihre reizende österreichische Kollegin mit.* |
| Z | Thank you, but ... | *Z* | *Vielen Dank, aber ...* |
| P | And the other line we need to push is ... | *P* | *Und die andere Produktpalette, die wir pushen müssen, ist ...* |
| Z | Oh, is that the time? I'm sorry, but my next appointment has arrived. It was nice meeting you again. Goodbye, Mr Papadopoulos. | *Z* | *Oh, ist es schon so spät? Es tut mir leid, aber mein nächster Kunde ist eingetroffen. Es war nett Sie wieder zu sehen. Auf Wiedersehen, Herr Papadopoulos.* |

Wie wimmelt Herr Zimmermann Herrn Papadopoulos ab?
Er sagt, dass sein nächster Kunde schon da ist.

## 24 Phrase bank

| | |
|---|---|
| As I was saying ... | *Wie ich schon sagte ...* |
| I'm afraid that won't be possible. | *Das wird leider nicht möglich sein.* |
| Is that the time? | *Oh, ist es schon so spät?* |
| It was nice meeting you. | *Es war sehr nett Sie zu sehen.* |

## 25 Keeping in touch – exchanging contact information

Joe Bailey aus England unterhält sich mit Anke Schulze aus Deutschland. Wo arbeitet Ann Chapman?
B = Joe Bailey, S = Anke Schulze

| | | | |
|---|---|---|---|
| S | Does your company have its own website? | *S* | *Hat Ihre Firma eine eigene Website?* |
| B | Yes, you can find it at WWW dot kitchensgalore dot CO dot UK. | *B* | *Ja, Sie finden sie unter WWW Punkt kitchensgalore Punkt CO Punkt UK.* |
| S | WWW dot kitchensgalore dot CO dot UK. Ours is WWW dot bestdesign dot DE. | *S* | *WWW Punkt kitchensgalore Punkt CO Punkt UK. Unsere ist WWW Punkt bestdesign Punkt DE.* |

B Here's my card. It has my email address as well as my office and mobile phone numbers.

*B Hier ist meine Karte. Darauf finden Sie meine E-Mail-Adresse sowie meine Telefonnummern von Büro und Handy.*

S Thanks, and here's mine. But my office phone number has changed. My new extension number is 321.

*S Danke, und hier ist meine. Aber meine Büronummer hat sich geändert. Meine neue Durchwahl lautet 321.*

B So, then, it's 010 double 7 59 and then extension 321.

*B Also, dann ist das die 010 77 59 und die Durchwahl 321.*

S That's right. By the way, does Ann Chapman still work for your company?

*S Genau. Übrigens, arbeitet Anne Chapman noch für Ihre Firma?*

B Yes, she does, but she works from home these days.

*B Ja, allerdings arbeitet sie zur Zeit von zu Hause aus.*

S Oh, she has a home office now? Do you know how I can get in touch with her?

*S Oh, sie hat jetzt ein Büro zu Hause? Wissen Sie, wie ich sie erreichen kann?*

B Sure, I'll give you her new email address. It's A dot Chapman at kitchensgalore dot CO dot UK.

*B Sicher, ich gebe Ihnen ihre neue E-Mail-Adresse. Sie lautet A Punkt Chapman at kitchensgalore Punkt CO Punkt UK.*

Wo arbeitet Ann Chapman?
Sie arbeitet zu Hause.

## 26 Phrase bank

My extension number is ... — *Meine Durchwahl ist ...*
By the way ... — *Übrigens ...*
She works from home. — *Sie arbeitet von zu Hause aus.*
Do you know how I can get in touch with her? — *Wissen Sie, wie ich sie erreichen kann?*

## 27 Final small talk

Die Messe ist zu Ende. Takashi aus Japan und Peter aus Deutschland verabschieden sich voneinander. Finden Sie heraus, warum Takashi keine Zeit hat.
T = Takashi, P = Peter

P So, that's it for another year, Takashi. Can I buy you a drink at the hotel bar this evening?

*P So, das war's jetzt wieder für ein Jahr, Takashi. Kann ich dich heute Abend an der Hotelbar noch zu einem Drink einladen?*

T That would be nice, thank you Peter, but I have no time. I have to go straight to the airport.

*T Das wäre nett, danke, Peter, aber ich habe leider keine Zeit. Ich muss direkt zum Flughafen.*

P Oh, are you flying back home tonight?

*P Oh, du fliegst heute Abend noch zurück nach Hause?*

T Yes, I'll be in Tokyo at four o'clock tomorrow afternoon, Japanese time.

*T Ja, ich bin dann morgen Nachmittag um 16.00 Uhr japanischer Zeit in Tokio.*

P Lucky you! It's a beautiful city.
T You must come and visit me next time you're in Japan. My wife will cook us a traditional Japanese meal.
P Thanks, I'll do that. When will you be back in the office?
T First thing on Monday morning.
P I'll give you a call on Monday. I'll have those figures you need by then. Well, it was a pleasure working with you, Takashi.
T The pleasure was all mine, Peter. I'll look forward to seeing you in Japan.
P Have a good flight.
T You too. Good bye.

*P Du Glücklicher! Das ist eine wunderschöne Stadt.*
*T Wenn du das nächste Mal in Japan bist, musst du mich besuchen. Meine Frau wird uns ein traditionelles japanisches Essen kochen.*
*P Danke, das werde ich gern tun. Wann bist du wieder im Büro?*
*T Gleich Montagmorgen.*
*P Ich ruf' dich am Montag an. Bis dahin habe ich die Zahlen, die du brauchst. Es war mir ein Vergnügen, mit dir zu arbeiten, Takashi.*
*T Ganz meinerseits, Peter. Ich freue mich darauf, dich in Japan wieder zu sehen.*
*P Ich wünsche dir einen guten Flug.*
*T Das wünsche ich dir auch. Auf Wiedersehen.*

Warum hat Takashi keine Zeit?
Weil er zum Flughafen muss.

### 28 Phrase bank

Can I buy you a drink?
First thing on Monday morning.
I'll give you a call.
I'll look forward to seeing you in Japan.

*Kann ich dich / Sie zu einem Drink einladen?*
*Gleich Montagmorgen.*
*Ich ruf' dich / Sie an.*
*Ich freue mich darauf, dich / Sie in Japan wieder zu sehen.*

# Dialoge mit Rollenspielen

Nehmen Sie nun selbst an Gesprächen teil! Sie können dabei die eben gelernten Ausdrücke und Redewendungen gebrauchen. Ein englischer Sprecher gibt Ihnen jeweils an, was Sie sagen sollen. Sprechen Sie direkt nach dem Signalton. Im Anschluss folgt eine mögliche Lösung, die Sie mit Ihrer vergleichen können.

### 29+30 Arriving late

Christoph Bernecker hat einen Termin mit Mr Sanchez am Stand von Spanish Hotels. Leider ist er ziemlich spät dran. Er kommt gerade am Stand an, wo er mit der Empfangsdame spricht. Übernehmen Sie die Rolle von Christoph Bernecker.
B = Christoph Bernecker, E = Empfangsdame

*(You have an appointment with Mr Sanchez from Spanish Hotels. Ask if this is the right stand.)*

*(Sie haben einen Termin mit Herrn Sanchez von Spanish Hotels. Fragen Sie, ob dies der richtige Stand ist.)*

B I have an appointment with Mr Sanchez from Spanish Hotels. Is this the right stand?

E Yes, it is. And your name is ....?

*(Tell her your name is Christoph Bernecker. You are a bit late. Your appointment was 15 minutes ago.)*

B Christoph Bernecker. I'm afraid I'm a bit late. My appointment was fifteen minutes ago.

E I'm afraid Mr Sanchez is no longer available. He's with his next appointment. Would you like to wait?

*(Ask how long he will be.)*

B How long will he be?

E At least twenty minutes.

*(Ask if there is anyone else you can see.)*

B Oh dear. Is there anyone else I can see?

Child Are these free? Can we have some?

E Yes, you can take one chocolate and a pen each.

Child Thanks, Miss!

E Excuse me. Where were we? Oh, yes, Ms Fernandez is free at the moment. She's Mr Sanchez' assistant. Would you like to talk to her?

*(You think that's a good idea.)*

B Yes, that's a good idea.

E I'll just go and get her. Can I bring you something to drink?

*(You'd love a coffee.)*

B I'd love a coffee.

E How do you take it?

*(With milk and two sugars and you'd like to see the new catalogue.)*

B With milk and two sugars, please. And may I see the new catalogue?

E Certainly. Here it is. I'll be back in a moment with Ms Fernandez and your coffee.

*B Ich habe eine Verabredung mit Herrn Sanchez von Spanish Hotels. Ist dies hier der richtige Stand?*

*E Ja, genau. Und Ihr Name ist ...?*

*(Sagen Sie ihr, dass Sie Christoph Bernecker heißen. Sie sind etwas spät dran. Ihr Termin war bereits vor 15 Minuten.)*

*B Christoph Bernecker. Ich bin leider etwas zu spät dran. Mein Termin war schon vor 15 Minuten.*

*E Es tut mir leid, aber bei Herrn Sanchez geht es jetzt gerade nicht. Er hat bereits seinen nächsten Termin. Möchten Sie warten?*

*(Fragen Sie, wie lange es dauern wird.)*

*B Wie lange wird es wohl dauern?*

*E Mindestens zwanzig Minuten.*

*(Fragen Sie, ob Sie mit jemand anderem sprechen können.)*

*B Oh je. Kann ich mit jemand anderem sprechen?*

*Kind Sind die hier umsonst? Können wir welche haben?*

*E Ja, ihr könnt jeder eine Schokolade und einen Stift nehmen.*

*Kind Danke!*

*E Entschuldigen Sie bitte. Wo waren wir? Ach ja, Frau Fernandez hätte gerade Zeit. Sie ist Herrn Sanchez' Assistentin. Möchten Sie mit ihr sprechen?*

*(Sie halten dies für eine gute Idee.)*

*B Ja, das ist eine gute Idee.*

*E Ich gehe sie mal schnell holen. Kann ich Ihnen etwas zum Trinken bringen?*

*(Sie würden gern einen Kaffee trinken.)*

*B Ich hätte gern einen Kaffee.*

*E Wie möchten Sie Ihren Kaffee?*

*(Mit Milch und zwei Stück Zucker. Und Sie würden sich gern den neuen Katalog ansehen.)*

*B Mit Milch und zwei Stück Zucker, bitte. Und könnte ich den neuen Katalog ansehen?*

*E Aber sicher. Hier bitte. Ich bin in einem Moment mit Frau Fernandez und Ihrem Kaffee zurück.*

## 31+32 General small talk

Sie sind Alex Burkhardt und möchten mit Susan Andrews sprechen. Leider ist sie im Moment nicht frei, weshalb Sie ein bisschen Small Talk mit der Empfangsdame machen. Übernehmen Sie die Rolle von Alex Burkhardt.
B = Alex Burkhardt, E = Empfangsdame, A = Susan Andrews

E Can I help you?
*(You'd like to talk to Susan Andrews. Ask if she is free.)*

B I'd like to talk to Susan Andrews. Is she available?

E She's in a meeting at the moment. Please take a seat, she won't be long.
*(Thank her. You'd like to smoke. Ask if that's OK.)*

B Thank you. Do you mind if I smoke?

E Not at all. I'll bring you an ashtray. Would you like something to drink?
*(A glass of water.)*
B Just a glass of water, please.
E Here you are. Beautiful weather today, isn't it?

*(Agree and say you went to an Italian restaurant at lunchtime where you can sit outside in the sunshine.)*

B Yes, I went out for lunch. There's a small Italian restaurant nearby. They have a nice terrace where you can sit outside in the sunshine.
E That sounds lovely. What's the name of the restaurant?
*(It's called Positano.)*
B Positano.
E Oh, can you spell that, please?
*(Spell Positano.)*
B Yes, of course, it's P O S I T A N O.
E Thank you. What do you think of the fair?
*(Say it's going well but that there aren't as many visitors as last year. Ask what she thinks.)*

B It's going well for us, although there aren't as many visitors here as last year. And what about you? What do you think of the fair?

*E Kann ich Ihnen helfen?*
*(Sie würden gern mit Susan Andrews sprechen. Fragen Sie, ob sie Zeit hat.)*
*B Ich würde gern mit Susan Andrews sprechen. Hat sie Zeit?*
*E Sie ist gerade in einer Besprechung. Nehmen Sie bitte Platz, es wird nicht lange dauern.*
*(Bedanken Sie sich. Sie würden gern rauchen. Fragen Sie, ob das in Ordnung ist.)*
*B Vielen Dank. Macht es Ihnen etwas aus, wenn ich rauche?*
*E Überhaupt nicht. Ich bringe Ihnen einen Aschenbecher. Möchten Sie etwas trinken?*
*(Ein Glas Wasser.)*
*B Nur ein Glas Wasser, bitte.*
*E Bitte schön. Ist das Wetter heute nicht phantastisch?*
*(Sie stimmen zu und erzählen, dass Sie zum Mittagessen in einem italienischen Restaurant waren, wo man draußen in der Sonne sitzen kann.)*
*B Ja, ich war gerade Mittag essen. Es gibt hier in der Nähe ein kleines italienisches Restaurant. Sie haben eine hübsche Terrasse, wo man draußen in der Sonne sitzen kann.*
*E Das hört sich ja toll an. Wie heißt denn das Restaurant?*
*(Es heißt Positano.)*
*B Positano.*
*E Oh, können Sie das buchstabieren?*
*(Sie buchstabieren Positano.)*
*B Ja natürlich, es heißt P O S I T A N O.*
*E Vielen Dank. Wie finden Sie die Messe?*
*(Sagen Sie, dass es gut läuft, aber dass nicht so viele Besucher wie letztes Jahr da sind. Fragen Sie, was sie denkt.)*
*B Für uns läuft es ganz gut, obwohl nicht so viele Besucher wie letztes Jahr da sind. Und wie läuft's bei Ihnen? Was halten Sie von der Messe?*

E Well, business was slow at first, but it's picked up a lot today. Ah, here's Susan Andrews now. Enjoy the fair, and thank you for the restaurant tip.

A Good afternoon, Mr Burkhardt. Nice to see you again!

*(Say it's nice to see her, too.)*

B It's nice to see you, too, Ms Andrews.

*E Nun, zunächst liefen die Geschäfte etwas zäh, aber heute haben wir ziemlich aufgeholt. Ah, da ist ja Susan Andrews. Viel Spaß auf der Messe und vielen Dank für den Restaurant-Tipp.*

*A Guten Tag, Herr Burkhardt. Schön, Sie wieder zu sehen!*

*(Sagen Sie, dass auch Sie sich freuen, sie wieder zu sehen.)*

*B Auch ich freue mich, Sie wieder zu sehen, Frau Andrews.*

## 33+34 Sales and discounts

Jean-Paul und Stefan haben bis jetzt nur über E-Mail kommuniziert. Nun treffen sie sich zum ersten Mal. Übernehmen Sie die Rolle von Stefan.
S = Stefan, JP = Jean-Paul

JP You said in your last email that the market is pretty flat in Austria at the moment.

*(Say that's right and that sales are down this quarter.)*

S That's right. Sales are down this quarter.

JP What do you think is the reason for that?

*(Tough competition.)*

S The competition is very tough.

JP How can we help?

*(Say that a larger discount would help.)*

S A larger discount would be a great help.

JP Let's see. At the moment you receive twelve per cent on all orders. Is that correct?

*(Agree.)*

S Yes, that's right.

JP Well, we can offer you a fifteen per cent discount on all orders of over fifty units.

*(Say that's OK.)*

S That sounds acceptable.

JP Out of interest, which are your top-selling products at the moment?

*(Tell him you have the latest sales figures and say that sales have fallen recently.)*

S I have a print-out of the latest sales figures here. As you can see, sales of your products have fallen recently.

*JP Sie sagten mir in Ihrer letzten E-Mail, dass die Geschäfte in Österreich momentan ziemlich schlecht laufen.*

*(Sagen Sie, dass das stimmt und dass die Umsätze um ein Viertel zurückgegangen sind.)*

*S Ja richtig. Die Umsätze sind um ein Viertel zurückgegangen.*

*JP Was, glauben Sie, ist hierfür der Grund?*

*(Eine knallharte Konkurrenz.)*

*S Die Konkurrenz ist knallhart.*

*JP Wie könnten wir da helfen?*

*(Sagen Sie, dass ein höherer Rabatt hilfreich wäre.)*

*S Ein höherer Rabatt wäre eine große Hilfe.*

*JP Lassen Sie mich sehen. Momentan bekommen Sie 12% auf alle Bestellungen. Ist das richtig?*

*(Sie bestätigen dies.)*

*S Ja, das ist richtig.*

*JP Gut, wir können Ihnen einen Rabatt von 15% auf alle Bestellungen über 50 Einheiten anbieten.*

*(Sagen Sie, dass das in Ordnung ist.)*

*S Das hört sich akzeptabel an.*

*JP Nur so aus Interesse – welche Artikel laufen denn bei Ihnen momentan am besten?*

*(Sagen Sie ihm, dass Sie die neuesten Verkaufszahlen dabei haben und dass die Umsätze in letzter Zeit zurückgegangen sind.)*

*S Ich habe einen Ausdruck der neuesten Verkaufszahlen dabei. Wie Sie sehen, sind die Umsätze Ihrer Produkte in letzter Zeit zurückgegangen.*

JP That's a shame.
*(Say that with the extra discount you can expect to see an improvement next year.)*
S But with the extra discount we can expect to see an improvement next year.
JP Well, I do hope so. Austria is a very important market for us. Please do keep me informed about future sales figures, and do let me know if there are any problems.

*(Thank him, say it was nice to meet him at last and that you're looking forward to an improved business relationship.)*

S Thanks, I will. It was very nice to meet you at last, and I'm looking forward to an improved business relationship.
JP Same here.

*JP Das ist schade.*
*(Sagen Sie, dass Sie mit diesem zusätzlichen Rabatt eine Verbesserung im nächsten Jahr erwarten.)*
*S Aber mit diesem zusätzlichen Rabatt können wir eine Verbesserung im nächsten Jahr erwarten.*
*JP Nun, das hoffe ich doch wirklich. Österreich ist ein sehr wichtiger Markt für uns. Bitte halten Sie mich über die Verkaufszahlen auf dem Laufenden und lassen Sie mich wissen, ob es irgendwo Probleme gibt.*
*(Bedanken Sie sich und sagen Sie, dass Sie dies gern tun werden. Sagen Sie, dass es nett war, ihn endlich kennen zu lernen und dass Sie sich auf bessere Geschäftsbeziehungen freuen.)*
*S Vielen Dank, das werde ich gerne tun. Es war sehr nett, Sie endlich kennen zu lernen, und ich freue mich auf bessere Geschäftsbeziehungen.*
*JP Da schließe ich mich an.*

## 35+36 Negotiating and agreeing a deal

Brigit und Sandra suchen einen Lieferanten für ihr neues Unternehmen. Sie sprechen mit David. Übernehmen Sie die Rolle von Brigit.
D = David, B = Brigit, S = Sandra

D Hello, what can I do for you?
*(Say that you are a new company based in Stuttgart.)*
B We are a new company based in Stuttgart.

D What does your company do?
S We sell traditional items to British people living abroad.
D That sounds interesting. How can we help you?
*(In order to get your foot in the door you are looking for a new, flexible and reliable supplier.)*

B In order to get our foot in the door we are looking for a new, flexible and reliable supplier.
D A new supplier?
S Yes, we started up last year but ran into problems because of the late delivery of one hundred and fifty Christmas puddings.

*D Guten Tag, was kann ich für Sie tun?*
*(Sagen Sie, dass Sie ein neues Unternehmen mit Sitz in Stuttgart sind.)*
*B Wir sind ein neues Unternehmen mit Sitz in Stuttgart.*
*D Was macht Ihre Firma?*
*S Wir verkaufen traditionelle Waren für Briten, die im Ausland leben.*
*D Das hört sich interessant an. Wie können wir Ihnen helfen?*
*(Um einen Fuß in die Tür zu bekommen, suchen Sie einen neuen, flexiblen und zuverlässigen Großhändler.)*
*B Um einen Fuß in die Tür zu bekommen, suchen wir einen neuen, flexiblen und zuverlässigen Großhändler.*
*D Ein neuer Großhändler?*
*S Ja, wir eröffneten letztes Jahr, gerieten dann aber wegen einer verspäteten Lieferung von 150 Christmas Puddings in Schwierigkeiten.*

*(Say you've seen the prices in the catalogue, but want to know what kind of discount they can offer.)*

B We've seen the prices in your catalogue. What kind of discount can you offer us?
D We can offer you a twelve per cent discount on orders of 25 or more items. And, if you pay within seven days of receiving our invoice, we'll give you an additional three per cent discount.
S That sounds acceptable.

*(Ask about the terms of payment.)*

B What are your terms of payment?
D Well, we'll accept bank transfers or cheques, but we do prefer customers to pay by credit card.
S Then we'd like to place an initial order now.
D Great, I'll just get the order forms.

*(You'd like to compliment him on his friendly customer service.)*

B And I'd like to compliment you on your friendly customer service.
D That's very kind of you. We aim to please!

*(Sagen Sie, dass Sie die Preise im Katalog gesehen haben, aber gerne wissen möchten, wie viel Rabatt sie anbieten können.)*

*B Wir haben die Preise im Katalog gesehen. Wie viel Rabatt können Sie uns denn anbieten?*
*D Wir können Ihnen 12% Rabatt auf Bestellungen von 25 oder mehr Einheiten anbieten. Und falls Sie innerhalb von sieben Tagen nach Rechnungseingang bezahlen, gewähren wir Ihnen weitere drei Prozent.*
*S Das hört sich akzeptabel an.*

*(Fragen Sie nach den Zahlungsbedingungen.)*

*B Wie sind Ihre Zahlungsbedingungen?*
*D Nun, wir akzeptieren Banküberweisungen oder Schecks, aber wir ziehen es vor, wenn unsere Kunden mit Kreditkarte bezahlen.*
*S Dann würden wir jetzt gern eine erste Bestellung aufgeben.*
*D Großartig, ich hole nur schnell die Bestellformulare.*

*(Sie würden ihm gern ein Kompliment zu seinem freundlichen Kundenservice machen.)*

*B Ich möchte Ihnen noch zu Ihrem freundlichen Kundenservice gratulieren.*
*D Das ist sehr nett von Ihnen. Wir möchten, dass Sie zufrieden sind!*

## 37+38 Communication problems

Sie sind Verkäufer bei einer Spielwarenfirma. Ein Brasilianer versucht, sich mit Ihnen zu unterhalten.
V = Verkäufer, B = Brasilianer, S = Schüler

B Please, hello. This is very good. I like. How much?

*(You didn't understand. Ask him to repeat that.)*

V I'm sorry, I didn't understand. Can you repeat that, please?
B Ah, my English is not very good. This game I ...
S Hey, look! Freebies! Hey, can we have some of those?

*(Say yes, but only one each. Apologise to the Brazilian gentleman and ask him to repeat what he just said.)*

*B Bitte, hallo. Dieses ist sehr gut. Gefällt mir. Wie viel?*

*(Sie haben nicht verstanden. Bitten Sie ihn, es noch einmal zu sagen.)*

*V Es tut mir leid, aber ich habe Sie nicht verstanden. Können Sie es bitte noch einmal sagen?*
*B Ah, mein Englisch ist nicht sehr gut. Dieses Spiel, das ich ....*
*S He, guckt mal! Werbegeschenke! He, können wir ein paar von denen kriegen?*

*(Sagen Sie ja, aber nur eins für jeden. Entschuldigen Sie sich bei dem brasilianischen Herrn und bitten Sie ihn zu wiederholen, was er gerade gesagt hat.)*

V Yes, yes, but only one each. I'm sorry sir. Can you say that again, please?

B How much is this game, please?
*(Tell him it retails at ninety-five euros.)*

V It retails at ninety-five euros.
B And how does it work?
*(Your mobile is ringing. Excuse yourself. You are expecting an important call. Tell the caller you will call back.)*

V Excuse me, I'm expecting an important call. – Hello? Yes, I'll call you back.

*(Offer to give the customer a demonstration.)*
V Let me give you a demonstration.
B Oh, very good. I like that very much! It's very clever!
*(Agree and say it's state-of-the-art technology.)*

V Yes, it is. It's state-of-the-art technology.
B What colours do you have?
*(Say this model comes in silver or blue.)*

S This particular model comes in silver or blue.
B I'd like to order ... *(interruption through an announcement over the loud-speakers)*
Announcement
Ladies and gentlemen, we'd like to remind you that the fair will be closing in twenty minutes.
*(Ask him to repeat that – you didn't understand.)*

V I'm sorry. Can you repeat that, please? I didn't understand.
B No problem. I'll write it down.

*V Ja ja, aber nur eins für jeden. Entschuldigen Sie bitte, mein Herr. Können Sie das bitte nochmal sagen?*
*B Wie viel kostet dieses Spiel, bitte?*
*(Sagen Sie ihm, dass es im Einzelhandel 95 Euro kostet.)*
*V Im Einzelhandel kostet es 95 Euro.*
*B Und wie funktioniert es?*
*(Unterbrechung durch Ihr klingelndes Handy. Entschuldigen Sie sich. Sie erwarten einen wichtigen Anruf. Sagen Sie dem Anrufer, dass Sie ihn zurückrufen werden.)*
*V Entschuldigen Sie mich bitte, aber ich erwarte einen wichtigen Anruf. – Hallo? Ja, ich rufe Sie gleich zurück.*
*(Bieten Sie dem Kunden eine Demonstration an.)*
*V Ich möchte Ihnen das kurz demonstrieren.*
*B Oh, sehr gut. Gefällt mir sehr! Ist richtig clever!*

*(Stimmen Sie zu und sagen Sie, dass es sich hier um den neuesten Stand der Technik handelt.)*
*V Stimmt. Es ist der neueste Stand der Technik.*
*B Welche Farben haben Sie?*
*(Sagen Sie, dass es dieses Modell in Silber oder Blau gibt.)*
*S Dieses Modell gibt es in Silber oder Blau.*
*B Ich möchte bestellen ... (Unterbrechung durch eine Lautsprecher-Durchsage)*
*Durchsage*
*Meine Damen und Herren, wir möchten Sie daran erinnern, dass die Messe in zwanzig Minuten schließt.*
*(Bitten Sie ihn, es noch einmal zu sagen – Sie haben ihn nicht verstanden.)*
*V Entschuldigen Sie bitte. Können Sie es noch einmal sagen? Ich habe Sie nicht verstanden.*
*C Kein Problem. Ich schreibe es auf.*

## 39+40 Making a future appointment

Michael Müller ist mitten in einem interessanten Gespräch mit Kathy Jenkins. Sie ist spät dran und sein nächster Termin wartet bereits. Übernehmen Sie die Rolle von Michael Müller.
M = Michael Müller, J = Kathy Jenkins

| | |
|---|---|
| J I'm afraid I have to leave. I'm running rather late. | *J Es tut mir leid, aber ich muss mich verabschieden. Ich bin schon ziemlich spät dran.* |
| *(Say you too. And your next appointment's arrived.)* | *(Sagen Sie, dass es Ihnen genauso geht. Und Ihr nächster Termin ist soeben eingetroffen.)* |
| M Me too, and my next appointment's arrived. | *M Ich auch, und mein nächster Termin ist gerade gekommen.* |
| J I'd like to continue our talk, if it's possible. | *J Ich würde unser Gespräch gern fortsetzen, wenn es möglich ist.* |
| *(Suggest meeting later.)* | *(Schlagen Sie vor, sich später zu treffen.)* |
| M Why don't we meet later? | *M Warum treffen wir uns nicht später?* |
| J Unfortunately I'm extremely busy this evening. What about tomorrow morning? | *J Leider habe ich heute Abend sehr viel zu tun. Wie wäre es morgen Vormittag?* |
| *(Say that won't be possible.)* | *(Sagen Sie, dass dies nicht möglich sein wird.)* |
| M I'm afraid that won't be possible. | *M Das wird leider nicht möglich sein.* |
| J That's a shame. Are you free in the afternoon? | *J Wie schade. Haben Sie nachmittags Zeit?* |
| *(Say yes. Suggest three o'clock.)* | *(Sagen Sie ja. Schlagen Sie 15.00 Uhr vor.)* |
| M Yes, I am. Shall we say three o'clock? | *M Ja, habe ich. Sagen wir 15.00 Uhr?* |
| J Four thirty would suit me better. | *J 16.30 Uhr würde mir besser passen.* |
| *(Say that sounds fine.)* | *(Sagen Sie, das hört sich gut an.)* |
| M That sounds just fine. | *M Das hört sich gut an.* |
| J OK, so we'll meet again at four thirty tomorrow afternoon. And now, I really have to run. | *J OK, dann treffen wir uns also morgen Nachmittag um 16.30 Uhr wieder. Aber jetzt muss ich wirklich gehen.* |
| *(Say that it was nice meeting her and that you'll see her tomorrow.)* | *(Sagen Sie, dass es nett war sie kennen zu lernen und dass Sie sie morgen wieder sehen werden.)* |
| M It was nice meeting you. I'll see you tomorrow. Bye. | *M Es war nett Sie kennen zu lernen. Dann sehe ich Sie also morgen wieder. Tschüs.* |

## 41+42 Ending the meeting

Angus und Roland sind dabei, ihr Geschäftsgespräch zu beenden. Übernehmen Sie die Rolle von Roland.
A = Angus, R = Roland

| | |
|---|---|
| A Look, I have an old business card of yours here! Are the details still up-to-date? | *A Sehen Sie mal, ich habe noch eine alte Visitenkarte von Ihnen hier! Sind die Angaben noch aktuell?* |
| *(Say no, you have a new email address and your new extension number is 776.)* | *(Verneinen Sie, Sie haben eine neue E-Mail-Adresse und Ihre neue Durchwahl ist 776.)* |

R No, I have a new email address and my new extension number is 776.
*(Give him your new business card.)*
R Here's my new business card.
A Very stylish! And here's mine. I work from home now so I have a new phone number, but my email address is the same.

*(Say that he has a very nice business card, too.)*

R You have a very nice business card, too.

A By the way, John was asking about you the other day. He said to say hello.
*(You're surprised. Ask how you can get in touch with John.)*
R John! Do you know how I can get in touch with him?
A Yes, he's moved to our new headquarters in California. Wait a minute ... ah, here it is ... His new email address is John dot Smith at sunshinewines dot com.
*(Say you love California and ask for John's extension number.)*
R I love California. Do you have his extension number, too?
A Sure, it's 490.
*(Say you're going to California on a business trip next month. You'll give him a call then.)*

R I'm going to California on a business trip next month. I'll give him a call then.
A I'll be there next month, too! Why don't we all go out for a meal?
*(Say that's a good idea and you'll look forward to seeing him and John in the US.)*

R That's a great idea! I'll look forward to seeing you and John in the US.

A But now it's time to go to the bar.
*(Offer to buy him a drink.)*
R Can I buy you a drink?
A Thanks, I'll have a scotch on the rocks.

*R Nein, ich habe eine neue E-Mail-Adresse und meine neue Durchwahl ist 776.*
*(Geben Sie ihm Ihre neue Visitenkarte.)*
*R Hier ist meine neue Visitenkarte.*
*A Richtig chic! Und hier ist meine. Ich arbeite von zu Hause aus. Deshalb habe ich eine neue Telefonnummer, aber meine E-Mail-Adresse ist dieselbe geblieben.*
*(Sagen Sie, dass auch er eine sehr schöne Visitenkarte hat.)*
*R Sie haben aber auch eine sehr schöne Visitenkarte.*
*A Übrigens, John hat neulich nach Ihnen gefragt. Er bat mich, Sie von ihm zu grüßen.*
*(Sie sind überrascht. Fragen Sie, wie Sie John erreichen können.)*
*R John! Wissen Sie, wie ich ihn erreichen kann?*

*A Ja, er ist zu unserer neuen Hauptgeschäftsstelle in Kalifornien gegangen. Augenblick ... ah, hier ist sie ... Seine neue E-Mail-Adresse ist John Punkt Smith at sunshinewines Punkt com.*
*(Sagen Sie, dass Sie Kalifornien lieben und fragen Sie nach Johns Durchwahl.)*
*R Ich liebe Kalifornien. Haben Sie auch seine Durchwahl?*
*A Aber ja, sie lautet 490.*
*(Sagen Sie, dass Sie nächsten Monat auf Geschäftsreise nach Kalifornien gehen werden. Sie werden ihn dann anrufen.)*
*R Nächsten Monat gehe ich auf Geschäftsreise nach Kalifornien. Ich werde ihn dann anrufen.*
*A Ich bin nächsten Monat auch dort! Warum gehen wir nicht alle zusammen essen?*
*(Sagen Sie, dass das eine gute Idee ist und dass Sie sich darauf freuen, ihn und John in den Vereinigten Staaten wieder zu sehen.)*
*R Das ist eine großartige Idee! Ich freue mich darauf, Sie und John in den Vereinigten Staaten wieder zu sehen.*
*A Aber jetzt ist es Zeit, an die Bar zu gehen.*
*(Laden Sie ihn zu einem Drink ein.)*
*R Darf ich Sie zu einem Drink einladen?*
*A Vielen Dank, ich hätte gern einen Scotch mit Eis.*

## 43 Abschlusstest

Sehr gut – Sie haben den Kurs absolviert und nun sollen Sie Ihr Können in einem Abschlusstest überprüfen. Sie hören 15 Anweisungen, anhand derer Sie Sätze vervollständigen sollen. Der Beginn ist jeweils vorgegeben. Sprechen Sie nach dem Signalzeichen und hören Sie sich danach den vollständigen Satz zur Kontrolle an.
Wenn Sie die vollständige Antwort richtig gesprochen haben – oder eine ähnliche Antwort mit gleicher Bedeutung –, erhalten Sie jeweils einen Punkt. Ermitteln Sie so Ihre Gesamtpunktzahl. Good luck!

*(Ask to look at the new catalogue.)*
▶ Begin: Can I ...?
Can I have a look at your new catalogue?

*(Ask someone to spell something.)*
▶ Begin: Can you ...?
Can you spell that, please?

*(Offer something to drink.)*
▶ Begin: Can I ...?
Can I get you something to drink?

*(Ask for a 20% discount.)*
▶ Begin: Is it possible ...?
Is it possible to get a 20% discount?

*(Say you have to speak to your boss.)*
▶ Begin: I'll have a ...
I'll have a word with my boss.

*(Apologise politely.)*
▶ Begin: I really ...
I really must apologise.

*(Compliment someone on their customer service.)*
▶ Begin: I'd like to ...
I'd like to compliment you on your friendly customer service.

*(Ask about payment conditions.)*
▶ Begin: What are ...?
What are your terms of payment?

*(Ask someone to say something again.)*
▶ Begin: Can you ...?
Can you repeat that, please?

*(Offer to show how something works.)*
▶ Begin: Let me ...
Let me give you a demonstration.

*(Say something costs 200 euros.)*
▶ Begin: It retails ...
It retails at 200 euros.

*(Suggest meeting tomorrow.)*
▶ Begin: Why ...?
Why don't we meet again tomorrow?

*(Politely say that something won't be possible.)*
▶ Begin: I'm ...
I'm afraid that won't be possible.

*(Say you'll be happy to see someone in London.)*
▶ Begin: I'm looking ...
I'm looking forward to seeing you in London.

*(Thank someone for their help.)*
▶ Begin: Thanks ...
Thanks very much for your help.

Wie haben Sie abgeschnitten? Wenn Sie zwischen 13 und 15 Punkten erzielt haben, können Sie sich ausgezeichnet auf einer Messe ausdrücken. Wenn Ihr Ergebnis zwischen 9 und 12 Punkten liegt, sollten Sie sich die CD ein zweites Mal anhören und danach den Test noch einmal machen. Haben Sie weniger als 9 Punkte erzielt? Dann sollten Sie wirklich noch einmal den ganzen Kurs durcharbeiten! Denken Sie daran: Übung macht den Meister. Sie schaffen es! Wir wünschen Ihnen viel Erfolg auf Ihrer nächsten Messe. Good luck and goodbye!

# Kulturelle Tipps und Informationen

## Ladies and Gents

So steht es meist auf Toilettentüren. In Großbritannien können Sie nach *the toilets* oder *the loos* fragen. In den USA klingt dies unkultiviert. Dort fragen Sie am besten nach *the restroom* oder, in privaten Haushalten, nach *the bathroom.*

## Weibliche Anredeformen

Viele haben in der Schule gelernt, dass man auf Englisch zu einer verheirateten Frau *Mrs* sagt und *Miss*, wenn die Dame unverheiratet ist. Besonders in der Geschäftswelt ist dies nicht mehr aktuell. Heute benutzt man nur die neutrale Anrede *Ms* (als 'Mzz' mit stimmhaftem *s* ausgesprochen).

## Ms Smith oder Helen?

Öfter als hierzulande spricht man den Geschäftspartner im englischsprachigen Raum mit dem Vornamen an. Aber nicht immer! Eine Faustregel ist, *Mr* oder *Ms* plus Nachnamen zu benutzen, bis Ihr Geschäftspartner seinen Vornamen als Anrede anbietet.

## Shaking hands

Wann gibt man jemand die Hand? Im geschäftlichen Bereich am besten immer beim ersten Treffen. Beim zweiten Treffen oder wenn Sie jemand besser kennen, gibt man sich seltener die Hand; dann reicht meist ein freundliches *hello* und ein gewinnendes Lächeln.

## Just

Eines der wichtigsten Wörter beim Small Talk ist *just*. Wenn Sie *just* in einen Satz einbauen, klingt alles höflicher und freundlicher, z.B. *Just a minute* statt *One minute* oder *I just have one question* statt *I have one question*.

## Weitere kleine Wörter und deren Betonung

Das Hinzufügen weiterer kleiner Wörter wie *do, really, am, terribly* usw. und deren Betonung sind beim Small Talk ebenfalls sehr wichtig. Ihr Gebrauch macht Sie Ihren Gesprächspartnern gegenüber gleich viel sympathischer. Sprechen Sie die folgenden Sätze und hören Sie selbst den Unterschied:

I apologise / I *do* apologise  
I must apologise / I *really* must apologise  
I'm sorry / I'm *terribly* sorry  
I'm sorry / I *really* am sorry

## False Friends

Jeder weiß, dass es sie gibt, und jeder fällt trotzdem immer wieder auf sie herein. Hier sind ein paar häufig verwendete *False Friends*, die man weder in Großbritannien noch in den USA versteht:

„Handy" statt *mobile (phone)* im britischen Englisch oder *cell (phone)* im amerikanischen Englisch.  
„Chef" statt *boss* (für die/den Vorgesetzte[n]).  
„Actual" statt *current* (mit der Bedeutung „aktuell").  
„Invite you to a drink" statt *buy you a drink*.

## In the pub

Oft geht man mit britischen Geschäftspartnern ins *pub*. Hier laufen die Dinge in der Regel anders als in Deutschland ab. Erstens werden Sie an Ihrem Tisch nicht bedient; Sie müssen an die Theke gehen, dort selbst Ihre Getränke bestellen und zurück zum Tisch tragen. Außerdem müssen Sie sofort bezahlen und nicht später, wenn Sie gehen.

Wenn Sie etwas trinken möchten, bestellen Sie nicht nur für sich selbst, sondern für alle in Ihrer Gruppe. Man bezahlt *a round*. Normalerweise bieten Sie an: *It's my round. What are you drinking?* Dann sagt jeder, der noch etwas trinken möchte, was er gern hätte. Das hört sich zunächst teuer an, ist es aber nicht, weil Sie an einem Abend meist nur eine *round* bezahlen. Aber aufgepasst, wenn Sie keine *round* anbieten und nur mittrinken, wird man Sie insgeheim für einen Geizkragen halten.

## Tipping in the pub

Generell gibt man in einem *pub* kein Trinkgeld. Das heißt aber nicht, dass Sie einen besonders guten Service nicht belohnen sollten. Wie gehen Sie vor? Ein Beispiel: Sie bestellen für sich und Ihre Kollegen eine *round*. Sie bekommen die Getränke und der Mann oder die Frau hinter der Theke wird Ihnen sagen, was es kostet. Dann sagen Sie: *And one for yourself*. Der Barmann oder die Barfrau wird dann den Preis eines Getränks (dies ist normalerweise kein teureres Getränk als eine Cola oder ein Orangensaft) zu Ihrer Summe addieren und das Geld in ein Glas hinter oder neben der Kasse werfen.

## Paying and tipping in a restaurant

In einem Restaurant ist alles ganz anders. Hier bekommen Sie immer eine Rechnung pro Tisch. Sowohl in Großbritannien als auch in den USA ist es nicht üblich, getrennte Rechnungen zu verlangen. Entweder zahlt eine Person für alle, indem er oder sie sagt: *I'll get this* oder *This is on me*, oder alle Personen am Tisch legen zu gleichen Teilen zusammen. Normalerweise geben Sie, wenn Sie mit dem Service zufrieden waren, ein Trinkgeld (10 – 15% der Gesamtsumme der Rechnung in Großbritannien und 15 – 20% in den USA). Dies wird nicht zur Rechnung addiert, sondern als Bargeld direkt der Bedienung gegeben oder auf dem Tisch hinterlassen.

# Wortschatzliste (Englisch – Deutsch)

**A**

| | |
|---|---|
| abroad | im Ausland |
| accept | akzeptieren |
| acceptable | akzeptabel |
| actually | eigentlich |
| additional | zusätzlich |
| after | nach |
| ago | vor |
| airport | Flughafen |
| although | obwohl |
| another | noch ein |
| anything else | noch etwas |
| apologise | um Entschuldigung bitten |
| appointment | Termin |
| ashtray | Aschenbecher |
| available | verfügbar / frei |

**B**

| | |
|---|---|
| bank transfer | Banküberweisung |
| based | mit Sitz in |
| beautiful | schön |
| because | weil |
| believe | glauben |
| brought | mitgebracht |
| business trip | Geschäftsreise |
| busy | beschäftigt |
| by the way | übrigens |

**C**

| | |
|---|---|
| call | Anruf |
| certainly | mit Sicherheit / bestimmt |
| change | ändern |
| check | nachprüfen |
| cheerio | tschüs |
| Christmas | Weihnachten |
| cloakroom | Garderobe |
| close | schließen / zumachen |
| community | Gemeinschaft |
| competition | Konkurrenz |
| complaint | Beschwerde |
| compliment | Kompliment / gratulieren |
| contain | beinhalten |
| continue | fortführen / fortsetzen |

| | |
|---|---|
| correct | richtig |
| customer service | Kundenservice |
| customer | Kunde / Kundin |

**D**

| | |
|---|---|
| damaged | beschädigt |
| delicious | köstlich |
| deliver | liefern |
| delivery | Lieferung |
| demonstration | Vorführung |
| diary | Terminkalender |
| different | andere/-r/-s / verschiedene/-r/-s |
| discount | Rabatt |

**E**

| | |
|---|---|
| each | jede/-r/-s / pro Person |
| easy | einfach |
| either | auch nicht |
| enjoy | genießen |
| exactly | genau |
| example | Beispiel |
| expect | erwarten |
| expensive | teuer |
| experience | erleben |
| extension | Durchwahl |
| extremely | äußerst |

| | |
|---|---|
| faulty | fehlerhaft |
| field | Feld / Bereich |
| figures | Zahlen |
| flat | flach / (hier) schwach |
| flight | Flug |
| fluent | fließend |
| for example | zum Beispiel |
| forwarding agency | Spedition |
| free | frei |
| freebie | Werbegeschenk |
| future | Zukunft / zukünftig |

**G**

| | |
|---|---|
| generally | allgemein |
| goodness | du meine Güte |
| goods | Waren |

**H**

| | |
|---|---|
| headquarters | Hauptgeschäftsstelle / Zentrale |
| home | Heim |

| | |
|---|---|
| hyphen | Bindestrich |
| **I** | |
| immediately | sofort |
| important | wichtig |
| improve | verbessern |
| improvement | Verbesserung |
| inform | informieren |
| initial | (hier) erste/-r/-s |
| instead | statt |
| invitation | Einladung |
| invoice | Rechnung |
| item | Artikel |
| **L** | |
| larger | größer |
| late | spät |
| latest | neueste/-r/-s |
| launch | Markteinführung |
| leave | weggehen / abreisen / (hier) sich verabschieden |
| likely | wahrscheinlich |
| line | Produktpalette / Programm |
| lovely | schön |
| lower | niedriger |
| lucky | glücklich |
| **M** | |
| manage | leisten / bewältigen / (es) schaffen |
| many | viele |
| map | (Stadt-)Plan / (Land-)Karte |
| may | darf |
| meal | Essen |
| meantime | Zwischenzeit |
| meet up | treffen |
| mobile (American English = cell phone) | Handy |
| move | bewegen / umziehen / (hier) gehen / wechseln |
| **N** | |
| newsletter | Newsletter / Mitteilungsblatt |
| nice | schön / nett |
| **O** | |
| offer | anbieten |
| office | Büro |
| opposite | gegenüber |
| order form | Bestellformular |
| outside | draußen |

| | |
|---|---|
| overall | insgesamt |
| own | eigene/-r/-s |

**P**

| | |
|---|---|
| particular | bestimmte/-r/-s |
| pay | bezahlen |
| payment | Zahlung |
| pick up | sich erholen |
| pleasure | Vergnügen / Freude |
| popular | beliebt |
| possible | möglich |
| pour down | in Strömen regnen |
| prefer | bevorzugen / lieber mögen |
| present | Geschenk |
| pretty | ziemlich |
| print-out | Ausdruck |
| probably | wahrscheinlich |
| produce | produzieren / (hier) herausbringen |
| product | Produkt / Ware |
| pudding | Nachtisch |
| push | (in den Markt) drücken / pushen |

**Q**

| | |
|---|---|
| quarter | Viertel |
| quarterly | vierteljährlich |

**R**

| | |
|---|---|
| ather | ziemlich |
| eason | Grund |
| eceive | bekommen |
| ecent | vor kurzem |
| ecently | in letzter Zeit |
| elationship | Beziehung |
| eliable | zuverlässig |
| emind | erinnern |
| emote control | Fernbedienung |
| epeat | wiederholen |
| eplacement | Ersatz |
| eply | Rückmeldung |
| etail | Einzelhandel / im Einzelhandel kosten |
| eturn | zurücksenden / zurückgeben |
| eview | rezensieren |

| | |
|---|---|
| ales figures | Absatzzahlen |
| ales | Absatz |
| ame | gleiche/-r/-s |

| | |
|---|---|
| sample | Warenmuster |
| shame: it's a shame! | Schande: wie schade! |
| sign | Schild |
| slow | langsam |
| solar-powered | mit Solarzelle betrieben |
| solution | Lösung |
| some | manche/-r/-s / einige |
| something | etwas |
| sound like | sich anhören / klingen |
| spell | buchstabieren |
| state-of-the-art | auf dem neuesten Stand der Technik |
| stay | übernachten / bleiben |
| suit | passen |
| supplier | Lieferant |
| sure | sicher |

**T**

| | |
|---|---|
| terms of payment | Zahlungsbedingungen |
| though | aber / jedoch |
| through | durch |
| tick off | abhaken |
| top-selling | meistverkauft |
| tough | hart |
| trip | Reise |
| truck | Lastwagen |

**U**

| | |
|---|---|
| umbrella | Regenschirm |
| understand | verstehen |
| unfortunately | leider / unglücklicherweise |
| unit | Einheit |
| up-to-date | aktuell |
| usual | üblich |

**W**

| | |
|---|---|
| weight | Gewicht |
| within | innerhalb |
| work | arbeiten / (hier) funktionieren |
| worse | schlimmer / schlechter |